Martin Burger

Gehen
auf alten Wegen in den Süden

Auf den Spuren von
Händlern, Abenteurern und Alpinisten
durch die Steiermark, Kärnten
und Italien

Eingesunkener Fahrweg zwischen zwei Feldern nahe Zottlhof im südlichen Niederösterreich.

Auf 27 Wanderwegen
in den Süden

Wie ich meinen Weg finde 7

SÜDWEST

1 Pontebbastraße **12**
von Villach nach Aquileia

    Wandern an der Pontebbastraße
    Von Villach Warmbad über die Federauner Höhe 16
    Das Tor des Südens – Thörl-Maglern und Arnoldstein 20

2 Römerweg **24**
von Obergrafendorf nach St. Anton an der Jeßnitz

    Wandern am Römerweg
    Von Kilb auf den Simmetsberg 28
    Grüntalkogel von St. Gotthard 32

3 Dreimärkte-Eisenstraße **36**
von Pöchlarn nach Lainbach

    Wandern an der Dreimärkte-Eisenstraße
    Von Scheibbs auf die Ginselhöhe 40
    Rauheisenweg von Gadenweit auf den Kreuzkogel 44

4 Hochschwabstraße und Höhenweg
von Palfau nach Eisenerz **48**

    Wandern an der Hochschwabstraße und am Eisenerzer Höhenweg
    Paradiesweg an der Salza 52
    Römerweg in der Rohrmauer 56

SÜDOST

5 Goldweg **62**
von Alt-Prerau nach Korneuburg

    Wandern am Goldweg
    Runde durch die Leiser Berge **66**

6 Liesinger Weg **70**
von Wien in den südlichen Wienerwald

    Wandern am Liesinger Weg
    Von St. Helena auf den Schwarzberg und nach Siegenfeld **74**

7 Alte Semmeringstraße **78**
von Schützen nach Bruck an der Mur

    Wandern auf der Semmeringstraße
    Schottwien–Semmering–Klamm–Schottwien **84**
    Von der Passhöhe auf den Sonnwendstein **88**

8 Entweg-Straße **92**
von Neunkirchen nach Hochegg

    Wandern an der Entweg-Straße
    Von St. Johann auf den Gösing **96**
    Ödenkirchner Weg **100**

9 Weinweg **104**
von Neunkirchen nach Rettenegg

    Wandern am Weinweg
    Raach-Ramssattel-Raach **108**
    Schlagl-Kummerbauer-Otter **112**

10 Hochwechselsteig **116**
von Trattenbach nach Vorau

    Wandern auf dem Hochwechselsteig
    Feistritzsattel-Hochwechsel über Umschussriegel **120**
    Kohlweg auf die Vorauer Schwaig **124**

11 Hartbergstraße **128**
von Pitten nach Markt Allhau

    Wandern an der Hartbergstraße
    Warther Panoramaweg **132**
    Mönichkirchen-Hartberg-Spital-Tauchenbach-Mönichkirchen ... **136**

12 Stadtweg — **140**
von Frohsdorf nach Kőszeg

> Wandern auf dem Stadtweg
> **Riegel, Wald und Graben – von Wiesmath nach Schwarzenberg** — 144

13 Weiße Straße — **148**
von Petronell-Carnuntum nach Frankenau

> Wandern an der Weißen Straße
> **Königsberg bei Winden** — 152
> **Wein-Stein-Weg bei Neckenmarkt** — 156

14 Murtalstraße — **160**
von Wildon nach Bruck

> Wandern an der Murtalstraße
> **Vom Wallfahrtsort zum Jungfernsprung** — 164
> **Kotzalm von St. Dionysen** — 168

15 Ungarnstraße — **172**
von Graz nach Fürstenfeld

> Wandern an der Ungarnstraße
> **Kleine Grazer Altstadtrunde** — 176
> **Von Hartberg nach Löffelbach und auf den Ringkogel** — 180

Auf ein Wort — 184
Register — 186
Literatur — 188
Zum Autor — 190

DIE ALTEN WEGE ZUM NACHGEHEN:
einfach unter diesem Link
https://www.styriabooks.at/gehen-auf-alten-wegen-in-den-sueden
das Passwort jf565b9o eingeben,
GPS-Tracks herunterladen und loswandern!

Grasweg im Ödenburger Gebirge nahe der römischen Bernsteinstraße bei Neckenmarkt.

Wie ich meinen Weg finde

Nach Erscheinen des Vorgängers »Gehen auf alten Wegen in Niederösterreich« (2020) fragten viele Leser, wie Sie selbst diese verwischten Straßen, Gassen, Pfade, Steige und Stege entdecken und in die Vergangenheit schlüpfen können.

Die folgenden Zeilen sind für Sie:

Am Anfang steht ein Hinweis, eine Literaturstelle, ein Eintrag auf einer Karte oder ein Wort, das ich einer Zufallsbekanntschaft ablausche: Römerweg, Hochstraße, goldene Stiege – Sie kennen solche Bezeichnungen. Sicher waren Sie in einem Wirtshaus zur »alten Mauth«, einem »Hotel zur alten Post« oder beim »Stiegenwirt« essen. Sie haben sich über einen dicht bewaldeten »Weinberg« gewundert und es wird schon vorgekommen sein, dass Sie an einem unscheinbaren Hügel vorbeigefahren sind, der den Namen »Wartberg« trägt.

Ich achte auf solche Zeichen und gehe diesen Spuren nach.

Alte Wege gehören nicht zum modernen Straßennetz. Sie entstanden vor dem Jahr 1800. Es ist nicht auszuschließen, dass einige dieser Pfade ihren Ursprung in prähistorischer Zeit haben. Wir kommen im Alltag nicht mit ihnen in Berührung, es sei denn bei Ausflügen ins Grüne.

DETEKTIV AM STRASSENRAND

Altwegeforschung ist eine Angelegenheit, um die sich Historiker, Geografen, Archäologen und Sprachforscher bemühen. Der Verlauf einer antiken, mittelalterlichen oder frühneuzeitlichen Straße bleibt ohne die Erkenntnisse der verschiedenen Disziplinen meist im Dunkeln.

Die ältesten Trampelpfade verliefen auf Kämmen, in Sichtweite der Siedlungen, aber ohne diese zu berühren. Römische Heeresstraßen endeten nicht direkt im Zentrum einer Stadt, es gab Abzweigungen, vergleichbar mit unseren Verteilerkreisen. Die Kolonisationspfade des Mittelalters wichen den sumpfigen Niederungen aus. Sie führten die Berghänge entlang, furteten die Flüsse in ihrem Oberlauf und suchten die Nähe der Grenzbefestigungen und Burgen.

Ein Höhenweg verbindet das Pielach- mit dem Erlauftal.

Die Hofzeilen und alten Straßendörfer entstanden an Kreuzungspunkten der Wege mit Bächen und Flüssen. Das Verkehrsaufkommen hinterließ Spuren im Namengut – »Strassäcker«, »Hochstraßen« und »Weghöfe« sind Hinweise auf Altstraßen. Die Schutzherrschaft eines Heiligen über eine Kirche, das sogenannte »Patrozinium«, hat Aussagekraft. Der hl. Ägidius, Schutzherr der Hirten, begegnet am Liesinger Weg, an der Blätterstraße im Steinfeld sowie an der Salzstraße durch das Traisental; der Patron der Reisenden, der hl. Christophorus, hat seine Kirche u. a. in Kranichberg an der Weinstraße; der hl. Nikolaus, angerufen von den Säumern, ist am Sölkpass und anderswo zu Hause. Vor dem geistigen Auge entsteht ein zweites Wegenetz, dessen Stränge parallel oder sogar quer zu den heutigen Verkehrswegen laufen. Antiquarische Karten bringen häufig den Durchbruch. Eine durchgezogene Weglinie in der Josephinischen Militärkarte (18. Jh.) ist ein alter Verkehrsweg.

Volkssagen haften einem realen Ort an – im Unterschied zu Märchen, die in einem fiktiven Königreich spielen. Die Sagen wanderten mit ihren Erzählern. Das ist keine Überraschung, bedenkt man die Erzählkultur früherer Tag. Umherziehende Handwerker und in der Fremde stationierte Soldaten wurden von der Bevölkerung ausgefratschelt – sie gaben die Geschichten aus

Nützliche Website:
maps.arcanum.com

Der Otter ist die erste große Erhebung auf der Weinstraße.

ihrer Heimat wieder, ehe sie weiterzogen. Es ließe sich für jedes Märchen, das an mehreren Orten erzählt wird, eine fiktive Karte erstellen. Der Haken an der Sache: Es haben sich meist nur jene Sagen erhalten, die aufgezeichnet wurden, an anderen Orten vergaß man sie. Das schränkt die Aussagekraft dieser Quelle ein.

Derart vorbereitet durchforsche ich das Gebiet mit Karte, Kompass und Kamera. Nicht enttäuscht sein! Der Wald ist voller Sackgassen, die Wegspur verliert sich in der Wiese, alteingesessene Auskunftspersonen gibt es kaum – sie sind Wochenendbewohnern gewichen. Gehört der tief eingesunkene Hohlweg zu einem nicht mehr genutzten Saumpfad? Sind die lockeren Steinmauern erst seit Kurzem da? Sind die Radspuren in anstehendem Fels antiken Ursprungs? Gräben und Grate, Lehnen und Leiten, Senken und Sutten kundschafte ich aus. Nur, um am Ende zu sagen: Nach meinem Dafürhalten ist der Weg hier verlaufen. Oder nicht.

Menschen, die Eisen, Salz und Wein säumten, nutzten jeden Abschneider. Solange die Warenmengen klein waren, genügte diesen Kraftlackeln ein Wurzelsteig, winterfest waren die Straßen ohnehin nicht. Versank der Weg im Morast, nahm man einen Umweg in Kauf. Der Mensch hatte eine faire Chance, ans Ziel zu kommen. Nicht mehr. Nicht weniger.

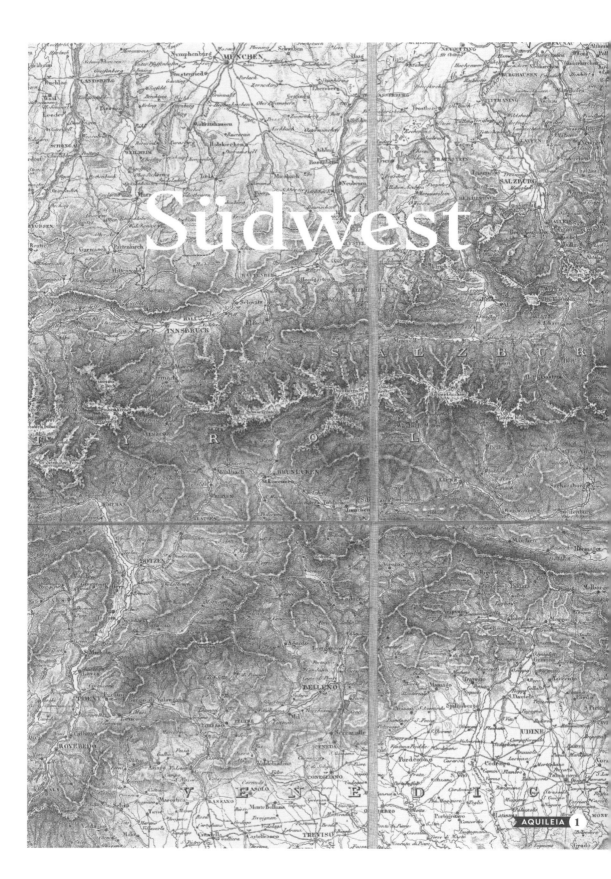

Südwest

KÄRNTEN UND NORDITALIEN

1

Pontebbastraße

von Villach nach Aquileia

ADER ZUR ADRIA

Die Wege zwischen Kärnten und Friaul reichen zurück bis ins 4. vorchristliche Jahrhundert. Die römerzeitliche Straße von Aquileia nach Norikum teilte sich im Tal des Tagliamento bei Carnia in zwei Arme. Der Weg über den Monte Croce, den Plöckenpass (1.360 m), ist der ältere, die jüngere Passage über den Saifnitz-Sattel (797 m) gegen Villach wurde in der frühen Kaiserzeit ausgebaut.

Aufstieg: 338 hm • Abstieg: 785 hm
Distanz: rd. 160 km • Dauer: 43 h

HISTORISCHE NAMEN
Straße aus Italien • Straße aus Pontafel nach Villach
Via Pontebbana / Pontebbastraße • La via romana per il Norico
La strada per il Norico • Via Julia Augusta[1]

1 nicht belegt

1. Die **Fernstraße von Aquileia** nach Norden teilte sich beim Knoten Villach in einen Ast, der nordwärts nach Salzburg führte (Tauernstraße), und einen nordöstlichen Arm, der nach Wien abging.

2. Der Bach **Pontebbana** bildete einst die Grenze zwischen dem deutsch- und italienischsprachigen Gebiet. Im 14. Jahrhundert grenzte hier die Republik Venedig an die Besitzungen des Hochstifts Bamberg.

3. Bamberg verkaufte seine Besitzungen in Kärnten – vor allem ging es um Villach und die Wege ins Kanaltal – im Jahr 1759 an die Habsburger.

4. Von seinem **Canossagang** zu Papst Gregor VII. kehrte König Heinrich IV. 1077 über das Kanaltal zurück.

5. Die **Fella** fließt durch das Kanaltal dem Tagliamento zu. Die Talsohle ermöglichte Wagenverkehr zu jeder Jahreszeit.

5 Fakten

HISTORISCHE BEDEUTUNG

Aquileia wurde 181 v. Chr. als römischer Kopfhafen am Nordende der Adria gegründet, um die in der Ebene siedelnden keltischen Stämme unter Kontrolle zu halten. Die Stadt wurde nach und nach zu einem Verkehrsknoten. Straßen führten von hier nach Istrien, Pannonien und Norikum. Die Via Annia verknüpfte Aquileia mit der Lagune von Venedig. Die Römer importierten Rohstoffe wie Eisen, Gold und Edelsteine aus den Alpen. Das norische Handelszentrum lag am Magdalensberg.

AUF FESTEN STRASSEN ÜBER DIE RAUEN BERGE

Respekt kommt nicht zur Tür herein und trinkt einen Schnaps auf dein Wohl. Anerkennung erwirbt man, wenn man seine Knochen hinhält und Opfer bringt. Respectus war so einer. Der Zolldiener tat am Plöckenpass mehr als nur seine Pflicht, sonst wäre ihm keine Inschrift gewidmet worden: »Respectus, Sklave des Titus Iulius Perseus, des Pächters der öffentlichen Abgabe des Zolls von Illyricum, Verwalter der Station Timavum, hat der unwegsamen Fahrbahn, wo die Reisenden ständig in Gefahr gerieten, wieder die richtige Haltbarkeit gegeben.«

• Timau/Tischlwang/Tischlbong am Fuß der Passhöhe.

Auf der Nordseite der Berge, im oberen Gailtal, gab es das Pendant zur Timavum-Maut. Auch am Pontebba-Pass an der Straße nach Villach gab es zwei Stellen, an denen Menschen wie Respectus die Wege in Schuss hielten und den Warenverkehr kontrollierten. Feste Straßen in einem Land der rauen Berge und der reißenden Flüsse.

Der Kärntner Ortsname **Villach** wird neuerdings von Villa, »Landgut«, abgeleitet. Bisher war man überzeugt, dass der Name des ursprünglichen Gutshofs Bilachinium war, was gut zu der slowenischen Bezeichnung Beljak für Villach passen würde. Der Schönheitsfehler an der Theorie: Bilachinium lag 25 km entfernt im Kanaltal und war der Name einer römischen Zollstation bei Camporosso.

• Heinz-Dieter Pohl, Kleines Kärntner Namenbuch, 2013.

Im Stadtgebiet von Villach lag jedenfalls eine römische Straßenstation namens **Santicum.** Das Siedlungszentrum befand sich zwischen dem Warmbad und Völkendorf. Im frühen Mittelalter erfolgte die Erstnennung 878 aufgrund der verkehrstechnischen Lage: »ad pontem Uillach«, bei der Brücke in Villach. 1060 erhielt die Stadt das Markt-, Münz- und Zollrecht.

Die Ortsnamen entlang der Straße nach Italien zeigen, dass die Romani, Latini oder Walchen genannte römische Bevölkerung mit dem Ende des Imperiums nicht sofort verschwand. Der Name der Festung Meclaria auf dem Hoischhügel lebt in **Maglern** weiter. Herkules wurde hier am Nordende des Passwegs als Beschützer der Reisenden verehrt.

Die **Karnischen Alpen,** italienisch Alpi Carniche, slowenisch Karnijske Alpe, heißen im Kärntner Volksmund die Welschen (walischen) Berge oder welsche (walische) Krainberge.

• Eberhard Kranzmayer, Bergnamen Österreichs, 1968.

Wandern an der Pontebbastraße
Von Villach Warmbad über die Federauner Höhe

5,2 km · 2,5 h · 111 hm im Aufstieg, 96 hm im Abstieg · leicht

Teilstrecken: Warmbaderhof im Kurpark (505 m) – Josefinenhof im Kurpark – Kreuzung Maibachl/Judendorfer Straße (520 m) ½ H Napoleonwiese (532 m) – Römerstraße nach Oberfederaun (535 m) – Studenca-Brücke (580 m) 1½ H Römerquelle (522 m) – Napoleonwiese ½ H Kurpark (505 m)

Bevorzugte Jahreszeit: Sommer, Herbst

Ausgangspunkt: Kurpark

Talort: Villach-Warmbad

Aussichtspunkte: hallstattzeitliche Hügelgräber auf der Napoleonwiese

Stützpunkte: Warmbader Thermenhotel, Kadischenallee 22–24, Warmbad Villach, T.: +43 (0) 4242/300110

Charakter: Hinter Warmbad liegt ein felsendurchsetztes Waldland, es verbirgt eine strategisch wichtige Fernstraße aus der Römerzeit. Sie wandern mühelos auf der gut erhaltenen antiken Straßentrasse.

Variante: Verlängerung bis nach Oberschütt (plus 1 h), beim Rückmarsch zum Kurpark die Burgruine Unterfederaun besuchen und die Graschelitzen (728 m) umrunden.

Anreise: A2 / Villach Warmbad; Villacher Stadtbahn S2, Station Warmbad

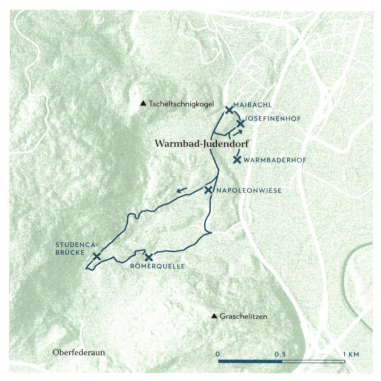

**WEGGESCHICHTE
KURZ UND BÜNDIG**
Der Ausbau keltischer Karrenwege zu Staatsstraßen setzte unter Augustus ein. Villach war ein wichtiges Wegkreuz. Hier gabelte sich die aus dem Kanaltal heranführende Pontebbastraße in einen nördlichen Abschnitt Teurnia-Salzburg und einen nordöstlichen Ast nach Wien.

WEGBESCHREIBUNG
Wildbad Warmbad. Im Wald hinter den modernen Villacher Kur- und Thermalbetrieben sprudelt warmes Wasser. Wer zählt die Ahs und Ohs, die unter den Fichten erschallt und verklungen sind?

    Doch machen wir zuerst einen Ausflug ins spätantike Villach: Ein barhäuptiger Kaufmann aus Aquileia faltet seine straßengraue Tunika auf einem Stein, streicht sie glatt und gleitet ins Wasser. Den Geldbeutel trägt er um den Hals.

    Der römische Bürger ist auf dem Weg in die norische Hauptstadt Virunum bei Maria Saal.

    Ein Soldat erkundigt sich nach dem Reisegrund des Händlers: »Geschäfte.«

    »Befehle« lautet die Antwort auf die Gegenfrage nach der Mission des Legionärs.

    Wissendes Lächeln beiderseits. Der Abend ist jung und man wird schon erfahren, was hinter den dürren Worten steckt: Die Straße? Fertig ausgebaut und solide gemacht. Der Karren-Verkehr? Für eine Provinz? Dicht! Früher Aufbruch? Empfehlenswert. Die Einwohner? Zumeist friedlich. Einem Handel stets aufgeschlossen. Die Kappen? Bloß keine Witze über die Tracht machen! Das Eisen der lokalen Schmiede? Unvergleichlich. Hart und elastisch zugleich. Die Truppe lechzt nach Schwertern aus Norikum.

✕ **VILLACH WARMBAD**

• lat. caupo »Schankwirt, Herbergsvater, Kleinhändler«

Pontebbastraße

Karrenweise wurde das norische Eisen nach Süden verfrachtet, im Gegenzug gelangten nie gekannte Luxusgüter – Steine, Glas, Austern – in die Wälder des Nordens.

Die Reise verspricht Gewinn.

Die Route der beiden ist in Stein gemeißelt. Die Via publica, die römische Staatsstraße Aquileia-Virunum, verbindet den Binnenhafen an der Adria mit den eroberten Ländern nördlich der Alpen. Bei Federaun überquert diese Straße die Gail und quetscht sich durch den Flaschenhals zwischen dem Fluss und den Abhängen des Dobratsch. Sie berührt eine hallstattzeitliche Begräbnisstätte auf der Napoleonwiese und gleitet fort, an der Straßenstation »Santicum« vorbei.

Die runden Kuppen und niedrigen Erhebungen auf der Napoleonwiese sind Grabhügel. Im 19. Jahrhundert zählte man 60 dieser Buckel. Hier wurde der »Krieger von Villach« entdeckt. In einer Steinkiste unterhalb eines kleineren Erdhügels waren die
- **Leichenbrände** eines Mannes und einer jungen Frau bestattet. Neben ihnen bewahrte die Kammer ein – rituell zerbrochenes – Schwert, ein Rasiermesser und eine Nadel. Die sterblichen Überreste stammen aus der Zeit um 800 v. Chr. Der Friedhof ist der älteste Hinweis auf Siedler im Villacher Gebiet. Die zugehörige Siedlung lag auf dem Tscheltschnigkogel, einem Sichtpunkt ca. 1 km nördlich der Napoleonwiese.

Die Menschen in jenen fernen Tagen wurden verbrannt. Hinterbliebene sammelten die Knochen ein und legten sie in Urnen. Die Steingräber bedeckten sie mit Erde. Die meisten Hügel wurden in der Antike wieder geleert. Der Krieger und die Frau lagen in einer der letzten unberührten Grabkammern.

Wir erreichen die Wiese, wenn wir durch ein symbolisches Holztor gehen und den Abhang hinter dem Kurpark hinaufsteigen oder indem wir das Maibachl, dessen Quellaustritt etwas oberhalb der Thermalquelle liegt, entlang bis zur Kreuzung mit der Judendorfer Straße marschieren und uns danach auf einem asphaltierten Teilstück des Alpe-Adria-Trails nach Süden wenden. Dem Nordrand der Napoleonwiese folgend gelangen wir schließlich zur Römerstraße. Ihre tief in den Stein gefressenen Geleise sind von Querrillen durchbrochen, die Halt geben. Der Weg kraxelt in wenigen Kehren die Federauner Anhöhe empor.

× NAPOLEONWIESE

Der fast 2.000 Jahre alte Straßenkörper hat sich gut gehalten. Grund dafür ist eine neuzeitliche Sanierung: Im 16. Jahrhundert wies der zuständige Bamberger Bischof Veit II. von Würtzburg seinen örtlichen Mauteinnehmer Christof della Grotta an, den 60 km langen Fahrweg zwischen Villach und der Landesgrenze bei Pontebba zu ertüchtigen. Der Beamte setzte die Anweisung um. An die im Jahre 1575 vollendeten Ausbesserungsarbeiten an der »Pontebbastraße« erinnert eine Marmortafel in Unterfederaun.

• Aus einem Rittergeschlecht stammend und sich nicht nach der Stadt Würzburg nennend.

So weit führt diese Runde aber gar nicht. Kurz nach der Überquerung der Studenca-Brücke wenden wir uns bei der zweiten Abzweigung nach links und steigen auf einem teilweise ausgesteinten Nebenweg und endlich durch einen steilen Graben zum sogenannten »Römerbrunnen« ab. Das letzte Teilstück, das hier beginnt, gestaltet sich exquisit, was die Unterlage angeht. Ein weicher Waldweg führt an einem Damwildgehege entlang zu einem Wegkreuz südlich der Napoleonwiese, zu der ein Hohlweg aufsteigt.

× STUDENCA-BRÜCKE

× RÖMERBRUNNEN

Eine letzte Anstrengung vor dem Bad im Thermalwasser. Es wäre noch genügend Zeit für einen Gipfel. Aber wozu? Domani è un altro giorno.

Das Grabhügelfeld auf der Napoleonwiese wurde in der Hallstattzeit, zwischen 800 und 550 v. Chr., belegt.

Wandern an der Pontebbastraße
Das Tor des Südens – Thörl-Maglern und Arnoldstein

7 km · 3 h · 125 hm im Aufstieg, 115 hm im Abstieg · leicht

Teilstrecken: Wallnerwirt in Arnoldstein (565 m) – Friedhofsallee – Seltschacher Straße – Römerweg – Fuggerstraße – Fußgänger- und Radlerbrücke über die Gailitz (564 m) – Unterstossau – Gailitzbrücke Greuth (A2) ½ H Rest einer römerzeitlichen Geleisestraße (644 m) – Pferdeweide am Ortsrand von Maglern (658 m) ½ H Wallnerwirt in Arnoldstein

Bevorzugte Jahreszeit: Sommer und Herbst

Ausgangspunkt/Talort: Arnoldstein

Aussichtspunkte: Gailitz-Brücke, Schrot-Turm (denkmalgeschützte Schrot-Fabrik)

Stützpunkt: Wallnerwirt, Kärntner Straße 50, Arnoldstein, T.: +43 (0) 4255-2356

Charakter: ausgedehnter Waldspaziergang, dezent ansteigend und dabei Tiefblicke auf die Gailitz gewährend

Variante: nicht auf gleichem Weg retour, sondern über Maglern, Thörl und Seltschach südlich der Gailitz nach Arnoldstein (2 h)

Anreise: A2/Arnoldstein

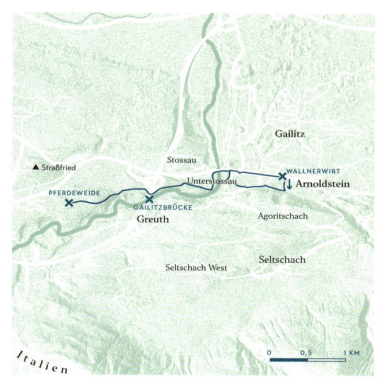

**WEGGESCHICHTE
KURZ UND BÜNDIG**
Die Landstraße von Tarvis nach Villach zog über Thörl-Maglern und südlich an der Burg Straßfried vorbei. Bei Arnoldstein wurde die Gailitz überschritten. Diese bedeutende Verkehrsachse zwischen dem Donauraum und Oberitalien war ursprünglich ein Seitenast der römischen Straße von Aquileia nach Norikum, die über den Passo di Monte Croce Carnico (Plöckenpass) Kärnten erreichte.

WEGBESCHREIBUNG
Viele Berge und fast jede Straße haben zwei Namen. Diese Doppelgesichtigkeit zeigt sich auch an der Römerstraße. Betrachtet man die Dinge von der Anhöhe bei Maglern, nimmt der fußmarode Wanderer die Etappe auf der »strada di Aquileia« in Angriff. Vom Campanile der Stadt Aquileia aus gesehen zieht der gleiche Verkehrsweg schnurgerade nach Norden, nur nennt man ihn hier »strada per il norico«.

Ich gehe beim Wallnerwirt in Arnoldstein über die Straße und um den Friedhofshügel herum. Auf der Rückseite wandere ich in westlicher Richtung zur Seltschacher Straße, biege aber bald rechts in die Römerstraße ein und wandere unterhalb des Schrot-Turms, eines Industriedenkmals, hinunter zur Fußgänger- und Radfahrerbrücke über die Gailitz. Hier verlief die alte Landstraße Tarvis-Villach. ✕ ARNOLDSTEIN

Ich denke an das Meer und an die Worte Joseph Conrads: »Das Wasser glitzerte friedlich, der Himmel war wolkenlos, eine gütige Unermesslichkeit makellosen Lichts.«

Der Fluss bleibt meine Leitplanke. An seinem westlichen Ufer in Unterstossau führen Stiegen einen Dammweg hinauf, um ein Privatgrundstück zu umgehen. Kinder spielen im Schotterbett des Flusses. Hinter dem Hausplatz verlässt der Weg den Damm und führt durch den Wald hinauf gegen Maglern. Unter der Autobahn- ✕ UNTERSTOSSAU

Pontebbastraße

brücke bietet sich ein Tiefblick in das Tal der Gailitz. Der Blick in solche Abgründe bewog die Alpenslawen, das Bergmassiv Dobratsch zu nennen. Der Name bedeutet »Schlucht« oder »Wald«. Villacher Alpe wurde das Bergland von den Siedlern im Drautal genannt. Die Bezeichnung spiegelt alte Weiderechte wider.

Wandernde Händler hatten neben ihrer sichtbaren Ware auch immaterielle Güter wie Märchen im Gepäck, die sie in Hafenkneipen oder am Rande von Geschäftsabschlüssen aufgeschnappt hatten, und im Lauf ihrer Reisen weitergaben. Es waren Geschichten aus 1001 Nacht, die auf diesem Weg auch den Raum Villach erreichten. Der Traum vom Schatz auf der Brücke zählt zu diesen Geschichten. In Villach heißt diese Erzählung »Der goldene Fuchs«. Die abgespeckte Version geht so:

Der junge Bauer Konrad war zu arm, um sein Lieschen zu heiraten. Er träumte, auf einer Brücke werde er sein Glück finden: »Erhebe dich! Das Schicksal ist versöhnt: Fortan wirst du dem Glück entgegengeh'n. Wo kühn und hoch der Brücke Joch der Drave Ufer schwesterlich verbindet, wird dir der Weg zum Ziel verkündet.« Konrad ging zur Drau-Brücke in Villach, wo den Wartenden nach Stunden des vergeblichen Ausharrens ein Bettler ansprach: »Was habt ihr vor? Wonach schaut ihr zu so später Stunde so ängstlich aus?«, fragte der Bettler. Konrad teilte seinen Traum mit und die Hoffnungen, die er daran knüpfte. »Ein Traum ist eitel Schaum!«, lachte der Bettler und fügte hinzu: »Träumte doch mir selber letzte Nacht, dass ich einen reichen Schatz im Bauche eines Fuchses gefunden habe!« Wie ein Blitz durchzuckte Konrad da der Gedanke, dass am Rande eines Ackers in seinem Dorf ein großer Stein lag, der »Fuchs« genannt wurde. Der Bauer erkannte, dass es sich um die nächste Umgebung seiner Wohnstätte handelte, grub an der besagten Stelle nach und fand den Schatz.

Die Geleise aus der Römerzeit wurden 1.000 Jahre später wieder instand gesetzt, sodass wir noch heute auf ihnen die Federauner Höhe überwinden können.

Bei Schönwetter, Regen und Schnee wurden Saumtiere schwer mit Holz, Wolle, Fleisch, Eisen oder Gold beladen.

Haflinger grasen am Waldrand bei Maglern, wo der Rest der römerzeitlichen Handels- und Heeresstraße in einen gewundenen Erdweg übergeht. Es sind Saum- und Arbeitspferde. Käse, Wolle, Pelze, Honig, Wachs, Harz, Pech, Gold und Eisen trugen sie auf die Märkte Italiens. Auch Menschen marschierten südwärts. Rom brauchte Soldaten, norische Krieger waren gefragt im Imperium. Im Gegenzug erreichten feine Glaswaren und Gewürze die Alpenländer.

✕ MAGLERN

Dieser sonnenverwöhnte Weiderasen ist ein guter Rastplatz. Danach gehe ich auf dem gleichen Waldweg zurück nach Arnoldstein.

✕ ARNOLDSTEIN

Der Lärm der Südautobahn übertüncht die Stille, die Passanten in früheren Zeiten zu schaffen machte. In der Einsamkeit der Gailtaler Alpen wuchs die Angst vor den Alfrauen, Berggeistern, die in den Felsen wehklagten. Dargebrachte Speisen belohnten sie, indem sie die Schüssel mit Gold und Silber füllten; hingegen wurde Betrug bestraft, die Körper der Unglückseligen fand man zerschmettert am Grund irgendeiner Schlucht.

Auch die Alfrauen von Maglern haben zwei Gesichter. Vielleicht haben sie gerade anderes zu tun, als ich des Weges komme. Als Zeichen ihrer heute wohlmeinenden Gesinnung haben sie ein Herz auf einem flachen Stein gezeichnet. Beruhigt beende ich den Spaziergang.

Pontebbastraße

NIEDERÖSTERREICH

2

Römerweg

von Obergrafendorf
nach St. Anton an der
Jeßnitz

DER FIRST DER VORALPEN

Da es sich um einen Kammweg handelt, der die sumpfigen Talsohlen meidet, ist ein hohes Alter anzunehmen. Der Name »Römerweg« ist aber irreführend. Im Mittelalter verband dieser Ost-West-Weg das Pielachtal mit dem Mank-, dem Melk- und dem Erlauftal. Erstmals urkundlich erwähnt wird der Verkehrsweg anno 1514.

Aufstieg: 830 hm • Abstieg: 771 hm
Distanz: rd. 55 km • Dauer: 18 h

HISTORISCHE NAMEN
»An der gressen, klain Straß« [1] • große Straß/kleine Strass [2]
Eselsteig [3] • Hochstraß [4] • Streuweg

1 In Straß bei Texing, 1514.
2 Versunkene Siedlungen nahe Wolfsmath.
3 Saumweg vom Schwabeck nach Weißenburg ins Pielachtal.
4 Bei St. Gotthard.

1. Das Melker Alpenvorland ist Teil des **Kernlands Österreichs**. Im 10. Jahrhundert gab es hier eine Reihe von Burgen. Adelssitze waren die Schallaburg, die Wallanlagen von Sichtenberg und Peilstein sowie der Burgberg von Plankenstein.

2. Die **Grafen von Schalla und Peilstein** erschlossen diesen Landstrich im Namen des Königs.

3. Die Herrschaft zwischen den Flüssen Pielach, Melk und Mank bis hinüber zur Erlauf fußt auf einem königlichen Forstbezirk, der im Volksmund **Forst** genannt wurde.

4. Von Texing führt eine Hochstraße nach **St. Gotthard** an den Fuß des Walzbergs. Die Kirche »de sancto Gotthardo« taucht 1227 in einer Urkunde auf.

5. Das Ziel der Pilger war der Gotthardibrunnen. Ihre Dankbarkeit äußerten sie durch Schenkungen an die Kirche, die im Volksmund **die goldene Kirche** genannt wurde.

5 Fakten

Niederösterreich

HISTORISCHE BEDEUTUNG

Parallel zur Kilber Straße zieht von der Flussbiegung der Pielach bei Hofstetten ein Höhenweg nach Westen. Genau an der Abzweigung gab es im Mittelalter einen Turmhügel, der den Verkehr auf der Straße überwachte. Diese Motte gehörte zur Mainburg, die auf einer Anhöhe jenseits der Pielach stand.

Die Peilsteiner Grafen besetzten im 12. Jahrhundert strategisch wichtige Punkte entlang der Straße mit ihren Dienstleuten: Kirnberg, Texing, St. Gotthard und andere. Die Straße lief über Straß und Plankenstein und durch den Bodinggraben nach St. Anton an der Jeßnitz. Der Endpunkt des Weges war die Burg Frankenstein, die auf einem vorspringenden Felsen lag. Diese befestigte Stellung kontrollierte die Talverengung der Großen Erlauf zwischen Neuburg und Kienberg.

Ein Ast dieses Weges führte nach Scheibbs und errang im Lauf der Zeit die größere Bedeutung. Entlang dieser Linie finden sich Flurnamen, die im 18. Jahrhundert aufgezeichnet wurden (Ober Straß, unter Straß, am Weg).

ENTSCHEIDUNG AM RÖMERWEG

Ich spreche ein altes Ehepaar an. Mann und Frau sitzen auf der Höhe am Rand des Römer-Weitwanderwegs unter einem Birnbaum auf einer Bank und schauen nach Süden, was es da so gibt. Sie zwinkern mir zu. Wohin sie wandern? »Wir marschieren heute nirgendwo mehr hin.« Der Süden reize sie. Womöglich dorthin. Das folgende Schweigen ließe sich aushalten, doch ich bin nicht wie sie. Meine Tagesetappe steht zwischen den Blättern eines Tourenbuchs: von Kilb nach Plankenstein.

Zwischen Kilb und Mank liegt **Fleischessen,** benannt nach der Ritterfamilie der Fleischezzer, die Vasallen der Kuenringer waren. Das Geschlecht hatte Besitz in der Wachau. Johannes Fleischesser brachte es dort zum ersten Prior des Kartäuserklosters von Aggsbach (1377 bis 1411). Fleischesser empfing die Stifterin des Klosters, Elisabeth Kuenring, in seiner Kartause. Der Sage nach wurde Fleisch gereicht. Beides, Frauen und Fleisch, waren im Kartäuser-Orden verpönt. »Fleischesser« wurde zum Spottnamen.

Texing, der Ort mit dem Wildwest-Klang, hat slawische Wurzeln. **Texing** wurde 1200 erstmals in der Form »de Tessingen« urkundlich erfasst, gehörte einem Těšín.

Posrükl, früher Posruck, ist eine Anhöhe westlich von Plankenstein, die seit den 1820er-Jahren nachweislich diesen Namen trägt. Der Vergleich mit der Form eines Tierkörpers, eines Geißrückens, führte zu der Benennung, die man auch in der Steiermark findet.

- Das Drehkreuz dieses abgeschiedenen Berglands ist der Schlagerboden. Hier gabelt sich der Weg aus dem Texingtal in einen südlichen (Richtung Jeßnitztal) und einen östlichen Ast (Pielachtal). Auf der waldfreien Hochebene findet man den alten Flurnamen Wegscheid.

- Die nahe der Haltestelle Peutenburg gelegene Festung ist erst 1314 urkundlich fassbar, 24 Jahre bevor sie bewusst demoliert wurde.

Wandern am Römerweg
Von Kilb auf den Simmetsberg

16,3 km · 4 h · 497 hm im Aufstieg, 527 hm im Abstieg · mittel

Teilstrecken: Kilb (300 m) ½ H Rametzberg (438 m) 20 MIN Dörfl (419 m) 10 MIN Mühlbergkapelle (530 m) 20 MIN Simmetsberg (592 m) 40 MIN Römerbrunnen (571 m) 2 H Kilb

Bevorzugte Jahreszeit: ganzjährig

Ausgangspunkt/Talort: Kilb

Aussichtspunkte: Rametzberg, Mühlberg, Simmetsberg, Römerbrunnen

Stützpunkte: Gasthof Birgl, Marktplatz 6, Kilb, T.: +43 (0) 2748 7232; Gasthaus Pitterle »Backhendlstation«, Rametzberg 4, Kilb, T.: +43 (0) 2748/7269

Charakter: Sie erkunden den Süden des Melker Alpenvorlandes auf die sanfte Tour. Vom Kamm des Simmetsbergs sind die Türnitzer Alpen zu sehen.

Variante: Vom Römerbrunnen aus ist die Passhöhe »Auf der Luft« (628 m) bald erreicht. Wer eine Übernachtung einplant, folgt dem Römerweg über das Schwabeckkreuz bis zur Grüntalkogelhütte (2 ½ h).

Anreise: A1/Loosdorf Richtung Hürm und Kilb

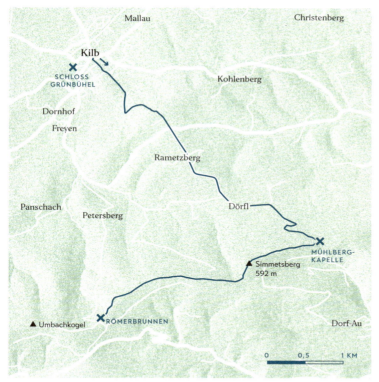

WEGGESCHICHTE
KURZ UND BÜNDIG

Die 1514 urkundlich belegte »klain Straß« verbindet die Täler der Traisen, der Pielach und der Melk bis zur Erlauf. Für ein höheres Alter des Pfades, worauf die lokale Bezeichnung »Römerweg« hinweisen würde, gibt es keinen Beleg.

WEGBESCHREIBUNG

Jemand musste dem Priester meiner Heimatgemeinde die Liste meiner Sünden vorab zugesteckt haben, denn als ich das erste und letzte Mal bei ihm die Beichte ablegte, vergab dieser mir, ehe ich ihm diese im Detail auseinandergesetzt hatte. Mir nichts, dir nichts hatte ich Vergebung fürs Sesselwegziehen und Lange-Nase-Zeigen erlangt. In einer Sage aus der Gegend um Kilb wird schlimmer gesündigt: Auf dem Kohlenberg zwischen Kilb und Grünau stand einst ein Schloss, das von gottlosen Leuten bewohnt war. In der Mettennacht zur Weihnachtszeit ließen sie ihr Hausgesinde nicht zur Kirche gehen und tanzten bis Mitternacht, als schon die Kirchenglocken die Gläubigen zur Mette riefen. Plötzlich, um 12 Uhr, gab es ein Erdbeben und das ganze Schloss samt der tanzenden Schar versank in den Erdboden. Heute steht an der Stelle ein Sumpf und bei klarem Wasser ist der Schlossturm sichtbar.

× KILB

Versöhnung wird in dieser Sage nicht erwartet oder verlangt; hartherzige Gutsherren sind verloren – ihre Bestrafung ist nicht von dieser Welt.

Freilich: Das Märchen, an das ich denke, während ich die Kilber Pfarrkirche umrunde, zertrümmert die ungerechte Gesellschaftsordnung nicht. Zerschmettert wird der gottlose Schlossherr mitsamt seiner Festung, nicht die feudale Herrschaft.

Römerweg

Der Römerweg verläuft auf dem Kamm des Simmetsbergs (Blick auf den Nordhang).

Durch die Bürgerwaldstraße strebe ich dem Sportplatz der Marktgemeinde Kilb zu. Unter mir liegt das Sierningtal. Westlich der Kirche erkenne ich Schloss Grünbühel. Es ist nicht versunken.

SCHLOSS GRÜNBÜHEL

Die Sage vom Fall der Burg ist eine der wenigen alten Geschichten aus diesem Teil des Mostviertels. So wie die Fernstraßen beschrieben die Erzähler von einst einen Bogen um das Land zwischen Traisen und Erlauf.

Ein Höhenweg, der sogenannte »Römerweg«, grenzt dieses Melker Alpenvorland im Süden gegen das Pielachtal und die Türnitzer Voralpen ab. Seit dem Jahr 1976 existiert der 96 km lange Römer-Rundwanderweg 651. Historisch gesehen ist der Titel nicht haltbar. Vor 2.000 Jahren gab es südlich der Donau keine großen Siedlungen und folglich fehlten hier die Straßen. Die Wagen zur Versorgung von Aelium Cetium (St. Pölten) ratterten von den Gutshöfen über Feldwege in die Stadt.

Hinter dem Waldstadion zieht der Weg in den Wald hinauf. Oberhalb eines Wasserspeichers zweigt ein Pfad rechts ab. Dieser führt zur Straße nach Dörfl. Rechter Hand liegt der Freudeckhof, der in der Landeskarte aus dem 18. Jahrhundert noch Freydeck genannt wird. Die Straße überquert die 2. Wiener Hochquellwasserleitung. Sie verliert an Höhe, um Dörfl zu erreichen. Die hinter der Altsiedlung aufsteigende Berglehne wird auf einer Asphaltstraße

DÖRFL

Vor dem Römerbrunnen verengt sich der Karrenweg zu einer engen Linie.

und einem Waldweg überwunden, der in den Römerweg bei der Mühlbergkapelle mündet.

Der Weg weicht dem Hügelkamm des Simmetsbergs nicht von der Seite. Eine Stunde lang schlendere ich über Wiesen und Weideland, eine namenlose Erhebung erreicht 617 m. Ein Hohlweg führt zur Rast am Römerbrunnen hinab. Wem der Sinn nach gekühltem Römerbier, Most oder Softdrinks steht, kurbelt den Getränkekorb aus dem Brunnenschacht herauf.

× SIMMETSBERG

× RÖMERBRUNNEN

Ein Traktor knattert vorbei, wird langsamer. Ein prüfender Blick trifft mich. Werfe ich Münzen in die Metallkassa?

Schluss für heute. Ein paar Sünden habe ich abgebüßt, die Knie knirschen, die Zehen zwicken. Ist das Hochmut, der vor dem Fall kommt?

Auf dem Rückmarsch nach Kilb komme ich an einem Wegkreuz vorbei, auf das jemand eine Platte mit eingraviertem Spruch geschraubt hat: »Danke den Lebenden und Verstorbenen, die ohne Maschinen, mit einfachen Geräten und Tieren sich abplagten, den Boden zu bearbeiten. Denkt an sie.«

Ich denke an etwas, das mir die Germanistin und Marterl-Spezialistin Margarete Platt gesagt hat. Die Menschen haben nie aufgehört, Kreuze zu errichten.

Auf dass ihre Häuser nie im Boden versinken!

Römerweg

Wandern am Römerweg
Grüntalkogel von St. Gotthard

7,4 km · 3 ½ h · rund 460 hm im Auf- und Abstieg · mittel

Teilstrecken: St. Gotthard (462 m) ½ H Schwaighof (465 m) 1 ½ H Grüntalkogel (886 m) 1 ½ H über Schwabeck (Texingtaler Panoramaplatzl, 730 m) und Traumoos (650 m) nach St. Gotthard

Bevorzugte Jahreszeit: Frühling bis Herbst

Ausgangspunkt: St. Gotthard

Talort: Texingtal

Aussichtspunkte: Schwaighof, Schwabeck, Grüntalkogel

Stützpunkte: Gasthof Schrittwieser, St. Gotthard 5, Texing, T.: +43 (0) 02755 / 7216; Grüntalkogelhütte (an Wochenenden bewirtschaftet), Texing, T.: + 43 (0) 664 / 9246161; Burg Plankenstein, Plankenstein 1, Texing, T.: +43 (0) 2755 / 7254

Charakter: Abwechslungs- und aussichtsreiche Tour in einem wenig beachteten Teil des »milden« Mostviertels. Die ebenen Waldwege zu Beginn der Tour werden durch scharfe Anstiege aufgewertet, immerhin 400 Höhenmeter sind auf relativ kurzer Distanz zu überwinden.

Variante: Beim Schwaighof nicht zum Grüntalkogel aufsteigen, stattdessen nach Westen bis zur Burg Plankenstein (674 m) wandern, und von dort über den bewaldeten Rücken des Walzberges zum höchsten Punkt dieses Höhenzugs marschieren (6 h).

Anreise: A1/St. Pölten-Süd Richtung Obergrafendorf, Kilb, Kirnberg und Texingtal

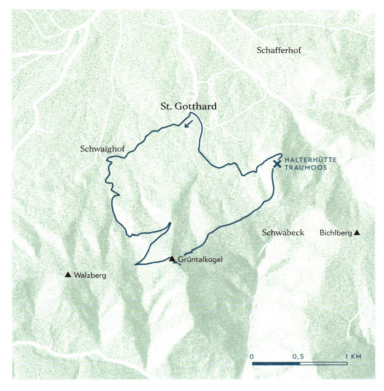

**WEGGESCHICHTE
KURZ UND BÜNDIG**

Das Gebiet zwischen Traisen und Erlauf gehörte im Mittelalter den Peilsteinern. Von den Befestigungen, Erdwerken und Burgen der Grafen haben sich die Schallaburg und die Burg Plankenstein erhalten, wo Verwandte bzw. Dienstleute saßen.

WEGBESCHREIBUNG

Die Vorstellungskraft reicht meist nicht aus, sich das eigene Land vor 500, 1.000 Jahren vorzustellen. Aus dem frühen 13. Jahrhundert hallt jedoch ein Wort nach: »Vorst.« Der zugehörige Satz lautet »Provincia quae vulgo Vorst« und steht in einer Schenkungsurkunde an das Kloster Lilienfeld. Hergegeben wurde das Gebiet um St. Leonhard am Forst, wo die Burg der Peilsteiner Grafen stand. Die Wildnis südlich der Donau war das Kernland des weit verzweigten Adelsgeschlechts in Niederösterreich. Die Peilsteiner bzw. ihre Stammsippe, die Sieghardinger, waren in Salzburg und in Bayern begütert.

Das Melker Alpenvorland ist mit versunkenen Burgen übersät. An den Familiensitz der Peilsteiner bei St. Leonhard am Forst erinnert die Sage vom verschwundenen Schloss: Es ist die Geschichte vom grausamen Burgherrn und Raubritter, der den verdienten Tod findet. Die Burg, hoch über einer Flussschlinge der Mank gelegen, wurde ein Raub der Flammen »und leuchtete als schauerliche Fackel tagelang weithin über das Land«.

Rauch steigt in St. Gotthard auf, im südwestlichen Eck des Melker Hügellandes. Hier nimmt der Rundweg auf den Grüntalkogel seinen Anfang. Es ist Herbst und die Menschen in den Häusern heizen zum ersten Mal ein. Ich gehe meine neuen Trekkingschuhe ein. Aussicht auf Qualen. Der Bertlsteig, der beim

✕ ST. GOTTHARD

Römerweg

Das niederösterreichische Texingtal wird nur von wenigen Wanderern besucht und hat sich den Charakter eines Bauernlandes bewahrt.

Die Passstraße führt vom Schwabeck hinab nach St. Gotthard und ins fruchtbare Alpenvorland.

westlich der Ortschaft gelegenen Schwaighof erreicht wird, sowie der folgende Aufstieg vom Walzbergsattel zur Grüntalkogelhütte sind schwer.

× SCHWAIGHOF

Diese Runde ist einer meiner Geheimtipps, wofür drei Punkte ausschlaggebend sind. Erstens: Der Grüntalkogel und der Walzberg sind die ersten ernstzunehmenden Hürden, die sich südlich der Donau aufbauen. Zweitens: Es gibt ein Gasthaus am Ausgangs- und am Endpunkt der Tour sowie – drittens – eine an den Wochenenden bewirtschaftete – 2020/21 runderneuerte – Schutzhütte mit Aussichtsterrasse und mit dem Römerweg 651, dem Pielachtaler Rundweg 653 und dem Voralpenweg 04 ein erschlossenes Wandergebiet. Ein Plus: Die Zeitangaben der lokalen »Tut gut«-Wanderwege stimmen und sind auch für durchschnittlich sportliche Wanderer machbar.

Vom Grüntalkogel führen Serpentinen nach Südosten in einen Sattel hinab. Entlang der Kammlinie erreicht man das Schwabeck-Kreuz. Hier stand früher eine kleine Burg, die Festung der Familie Schwab. Deren erster Vertreter, ein gewisser »Marchwardus Suevus«, taucht im 12. Jahrhundert in einer Urkunde auf. Die »Veste auf dem Schwabeggkogel« stand südlich des Steinkreuzes, ihre Mauerreste liegen im Wald verborgen.

× GRÜNTALKOGEL

Die »Schwaben« bewachten den Eselsteig, einen lokal wichtigen Übergang zwischen der Manker Ebene im Norden und dem Pielachtal im Süden. Schwabeck wird 1367 in einer Urkunde »purkchstall« genannt, ein ödes Schloss.

Das Schwabeck ist ein Sichtplatz, ein Balkon des Alpenvorlandes. An touristischer Infrastruktur wird ein wetterfester Unterstand, ein Wegweiser und ein moderner Meilenstein, eine Infotafel des »Römerweges«, geboten.

× SCHWABECK

Keine 100 m östlich des Schwabeck-Kreuzes gabelt sich die Straße. Der links hinabführende Weg leitet zur Halterhütte Traumoos und zum Holzbauer hinab, wo die asphaltierte Straße und St. Gotthard erreicht werden.

× ST. GOTTHARD

Der Vergleich mit dem Passhospiz und Gebirgsmassiv im Schweizer Tessin, wo vier Flüsse entspringen, verbietet sich von selbst. Doch das gewählte Patrozinium – der hl. Gotthard ist der Schutzpatron der Kaufleute – zeigt, dass es Handelsstraßen gibt, die einst bedeutend waren und heute vergessen sind.

Römerweg

NIEDERÖSTERREICH UND STEIERMARK

3

Dreimärkte-Eisenstraße

von Pöchlarn
nach Lainbach

DEN SÄUMERN UND FUHRWERKERN GEWIDMET

Die Dreimärktestraße zweigt bei Pöchlarn von der Poststraße an der Donau ab und mündet bei Lainbach in die Steyr-Eisenerzer-Straße. Die Landstraße zwischen Scheibbs und Purgstall war schon 1430 befahrbar. Von Scheibbs führte im Mittelalter ein Saumpfad über den Buchberg nach Gaming und entlang des Mitterauer Bachs nach Lunz.

Aufstieg: 1.177 hm • Abstieg: 756 hm
Distanz: 89 km • Dauer: 28 h

HISTORISCHE NAMEN
Alter Saumbweg • alte Saumerstrassen • Säumersteig Sämbersteig • neuer Weeg • Fart und wagen weeg Proviantstraße • Drei märktische Eisenproviantstraßen Dreimärkte-Straße

1. Die **Dreimärktestraße** stellte die Fuhrwerke der frühen und mittleren Neuzeit vor Probleme. Bergauf war Vorspann erforderlich, bergab Bremsen.

2. Um die Gefahr von **Überfällen** zu verringern, wurden die Bäume am Straßenrand gefällt und das Buschwerk entfernt.

3. **Roheisen, Holzkohle, Proviant** und **Güter des täglichen Bedarfs** sowie **Salz** aus dem Ausseer Land wurden auf der Dreimärktestraße spediert.

4. **Drei Märkte** – Scheibbs, Purgstall und Gresten – übernahmen ab 1625 den Erhalt der nach ihnen benannten Dreimärktestraße. Über die finanziell anspruchsvolle Instandhaltung der Straße beschwerten sich die Proviantshändler – erfolglos – bei Hofe.

5. Neben den Land- waren die Wasserwege für die Eisenwurzen von größter Bedeutung.

5 Fakten

HISTORISCHE BEDEUTUNG

Diese Verkehrsverbindung entstand, nachdem Rudolf IV. der Stifter 1361 angeordnet hatte, aus Böhmen und Bayern kein Eisen mehr nach Österreich einzuführen. Die Schmiede wurden angewiesen, ihren Bedarf an Rohmaterial in Eisenerz zu decken. Zwei Jahrhunderte genügte ein Saumpfad durch die Mendling den Bedürfnissen, ehe 1544 Ferdinand I. den Auftrag zum Bau einer durchgehend befahrbaren, »pesseren« Straße erteilte. Das letzte Teilstück dieser Straße, von der Radstatthöhe nach Lainbach, wurde erst 1779 »nach Land-Art practicable« hergestellt.

• Susanne Klemm, Straßen für den steirischen Erzberg, 2011.

FEHLTRITTE EINES SPURENSUCHERS

Ich betrat eine morsche Holzbrücke im Lueggraben bei Scheibbs und überlegte, ob es sich hier um einen Überrest des Saumwegs aus dem Mittelalter handelte. Die Stämme waren feucht und wippten bedenklich unter meinem Gewicht, doch mein Hirn hatte schon auf Entdeckermodus umgeschaltet. Ich musste wissen, wohin dieser Weg führte.

Flurnamenkundler nennen das Überprüfen des Geländes eine Realprobe. Und tatsächlich: Der alte Weg durch den Lueggraben ist noch da, ich bin ihn gegangen. Und auch an diesen Orten im Mostviertel bin ich gewesen:

Die **Rabenschule** bei Wieselburg hat ihren Namen von Raben- oder Krähenschwärmen, die hier beobachtet wurden. Der Rabe war der Totenvogel des Mittelalters. Sein Name ist daher häufig bei Richtstätten zu finden.

Wer im »Haus am Frankenstein« wohnte, kontrollierte im Mittelalter das Erlauftal oberhalb von Scheibbs. Auf dieser **Burg Frankenstein** des Mostviertels saß zuerst ein gewisser »Frankho«. Wir hören 1335 von dieser »veste«, lange vor dem Bau der Dreimärktestraße.

Am Südhang des Grubbergs liegt **Mausrodl.** Der Kataster von 1822 und auch die ältere josephinische Karte zeigen diese Schreibweise. Eine Rodl ist eine kleine Rodung. Der erste Wortteil kann eine Verschreibung von Mais (mundartlich: moas) sein, was »Holzschlag« bedeutet.

Die **Radstatthöhe** (637 m) zwischen Gams und Moosland hieß 1769 »Rastattberg« – zu jener Zeit wurde dieser Abschnitt der Dreimärktestraße mit Steinen ausgebaut. Darin steckt das Wort Rast, die Raststelle am Weg. Das war ursprünglich ein Ort, wo das Vieh vor dem Almauftrieb zusammenkam, und Kraft schöpfte. Der Kataster von 1824 verzeichnet einen Hof Rastadtmair am Hangfuß.

Ybbs ist ein uralter Gewässername, der zwischen 4000 bis 1500 v. Chr. entstand. Er bedeutet »rasch fließendes Wasser«. Die heutige Schreibweise taucht erstmals 1506 in der Fischereiverordnung von Maximilian I. auf, die den Fang und Handel von »hechten, Karpfen, parbmen (Barben), huechl (Huchen), Rutten (Aalrutten), schaden (Welsen) und vorhen (Forellen)« regelte.

Wandern an der Dreimärkte-Eisenstraße
Von Scheibbs auf die Ginselhöhe

13,4 km · 3 ½ h · rd. 580 hm im Auf- und Abstieg · mittel

Teilstrecken: Scheibbs-Bahnhof (330 m) **1 H 40 MIN** an Ödbauer und Sturmlehen vorbei zum Talübergang Berg (673 m) – Ginselhöhe (905 m) **2 H** über den Ginselberg (486 m) und durch den Lueggraben (416 m), nach Scheibbs-Neustift (338 m) – via Strudenzeile flussabwärts zum Ausgangspunkt zurück

Bevorzugte Jahreszeit: Frühling bis Herbst

Ausgangspunkt: Scheibbs-Bahnhof

Talort: Scheibbs

Aussichtspunkte: Sturmlehen, Berg, Ginselhöhe, Ort

Stützpunkt: Zum Schwarzen Elefanten, Schulstraße 13/3, Scheibbs, T.: +43 (0)7482/43130

Charakter: Die Ginselhöhe ist der höchste Punkt von Scheibbs. Hier verläuft die alte Grenze mit Gaming. Orchideenreiche Wiesenflächen folgen auf Mischwälder. Die ansonsten breiten Wege verschmälern sich auf der Ginselhöhe zu einem Steig.

Variante: Der Wanderweg 04 durch den Lueggraben hat einen großen Bruder, den 04A. Dieser führt in weitem Bogen über Ort (782 m) und Brun nach Neustift (+ 1,5 h).

Anreise: A2 / Ybbs, auf der B25 bis Scheibbs-Mitte; von Wien Hbf. nach Pöchlarn, von dort mit der Erlauftalbahn nach Scheibbs

WEGGESCHICHTE KURZ UND BÜNDIG

Der Vorläufer der heutigen Erlauftalstraße (B25) entstand im 15. und 16. Jahrhundert. Damals wurde der Felsen in der Talenge von Peutenburg gesprengt und die Straße über den Grubberg gebaut. Davor säumte man Waren durch den Lueggraben von Scheibbs nach Gaming und via Mitterau, Lunz und Lainbach nach Innerberg bzw. Eisenerz.

WEGBESCHREIBUNG

Scheibbs-Bahnhof, Karl-Höfinger-Promenade, Güterweg Lampelsberg. Ehe ich nur in die Nähe der Ginselhöhe komme, stehen drei lange Namen in meinem Notizbuch. Ist dieser Teil des Weges geschafft, werden die Namen kürzer. Jenseits der Brücke, welche die Bundesstraße überspannt, tragen die Höfe und Weiler leicht zu merkende, ursprüngliche Namen: Berg, Ort, Eck, Brun und Bichl, Kraxen.

× SCHEIBBS

Ich folge der Asphaltstraße die Anhöhe westlich von Scheibbs hinauf. Über Öd(bauer) und Sturm(lehen) erreiche ich den Sattel unterhalb der Ginselhöhe. Hier kreuzt ein alter Saumpfad, der von Scheibbs durch den Lueggraben heraufführt, das Asphaltband. Vor dem Ausbau der Erlauftalstraße und des »neuen Wegs« in der frühen Neuzeit wurden Waren durch diesen Graben gesäumt. Jenseits des Sattels lag beim Schrankenlehen auf dem Buchberg eine Mautgrenze, bevor es durch den Pockaugraben nach Gaming ging. Ab dem Kartäuserkloster folgten die Wagen dem Mitterauerbach bis nach Lunz am See. Der Markt Gresten war ebenfalls angebunden, er wurde über den Kreuzkogel erreicht (Rauheisenweg).

Folgt man im Sommer dem Wanderweg durch Bergwald und über Wiesen auf die Ginselhöhe, betören blühende Akeleien und blau-rot gesprenkelte Brand-Keuschständel. Auf dem Grat der

× GINSELHÖHE

Dreimärktestraße

Der höchste Punkt der Gemeinde Scheibbs liegt an der Grenzlinie zu Gaming.

Ginselhöhe steht ein historischer Grenzstein aus dem Jahr 1618. Im Süden lag das Einflussgebiet der geistlichen Herrn von Gaming – man betritt das Reich des Ötscher.

Die Kartause Gaming war nicht das erste Kloster im Mostviertel. Mondsee, die Bischöfe von Regensburg und Freising hatten Besitz, der sich bis in karolingische Zeit zurückverfolgen lässt. Die Mönche waren aktiv. Sie rodeten Urwald, gründeten Meierhöfe – und sie stritten sich um Land. Jahrhundertelang hielten einander die Kartäuser aus Gaming und die Benediktiner aus Admont mit Grenzkonflikten in Schach. Die Auseinandersetzungen führten letzten Endes zur Gründung des Wildnisgebiets im Rothwald.

ORT ✕ Vom Kamm der Ginselhöhe führt ein steiler Waldweg hinab zu einem Ort namens Ort. Das offene Wiesen- und Weideland bietet freie Sicht auf den Ötscher. Diesen hatten die Bauern und Säumer von einst stets vor Augen, wenn sie nach Süden sahen. Die hohen Gipfel waren ihnen unheimlich wegen der Todesopfer, welche die Saumwege über die Berge forderten. »Fand man den Leichnam eines Verunglückten, so war es noch gut, weil der Tote in allen Ehren bestattet werden konnte. Fand man ihn nicht, so entstand leicht die tröstliche Meinung, der Unbestattete und gewissermaßen ehrlos Gewordene wäre in den Berg entrückt worden«, schrieb 1968 der Sprachforscher Eberhard Kranzmayer.

Berge wie der Ötscher waren in dieser Vorstellung Versammlungsorte der Toten und Verschollenen. Angeführt wurde jene »wilde« Horde von einem König, der auf einem Stuhl in einer Felshöhle thronte – weshalb viele Berge den Namen Stuhl im Namen führen.

In den Sagen aus dem Mostviertel wimmelt es von urigen Typen: geizigen Großbauern, armen Holzarbeitern und »juchazenden« Mädchen.

Die Legende der hl. Maria Kümmernis von Scheibbs fällt aus dem Rahmen: Nicht nur wegen der Brutalität – ein heidnischer König kreuzigt seine Tochter, die sich beharrlich weigert zu heiraten und den Himmel anfleht, ihr Gesicht zu verunstalten. Der Liebreiz der Prinzessin, welcher den Brautwerbern die Sinne vernebelt, ist für sie selbst eine Last. Das Mädchen entsagt allen irdischen Freuden, lässt sich wundersamerweise einen Bart stehen – und erregt den Zorn ihres Vaters.

Das Bildnis der verehrten Märtyrerin ist Teil einer Kapelle an der B25. Einst hing es ein Stück westlich der neuen Erlauftalstraße, an einem Kreuz in der »Galgenleithen«, am Feichsenbachweg von Purgstall nach Gresten. Hofnamen wie »Am Weg« und »Großweg« bewahrte hier die Administrativkarte von Niederösterreich, die zwischen 1867 und 1882 entstand, vor dem Vergessen. Die ÖK50, die aktuelle österreichische Bundesamtskarte im Maßstab 1:50.000, führt sie nicht mehr an.

Die Hochebene bei Ort lädt zum Tagträumen ein. Rechts führt der alte Saumpfad nach Gaming hinüber. Ich gehe nach links in den Wald und steige in langen Kehren zum Lueggraben ab, der in Neustift an das Ufer der Erlauf stößt. Von hier promeniere ich nordwärts, zurück zum Ausgangspunkt.

✕ LUEGGRABEN
✕ NEUSTIFT

Dreimärktestraße

Wandern an der Dreimärkte-Eisenstraße
Rauheisenweg von Gadenweit auf den Kreuzkogel

9,8 km · 3 h · 450 hm im Aufstieg, 480 hm im Abstieg · mittel

Teilstrecken: Gadenweithöhe (652 m) – Güterweg Ramsleiten ½ H Ramsleiten (840 m) ½ H Kreuzkogelkapelle »Jesu auf der Wies« auf dem Hofmannsberg (900 m) – Kreuzkogel (994 m) 40 MIN Hochalm (925 m) 40 MIN Kreuzkogelkapelle – Rauheisenweg – Güterweg Ramsleiten 40 MIN Gadenweithöhe

Bevorzugte Jahreszeit: Sommer und Herbst

Ausgangspunkt: Gadenweit

Talort: Gresten

Aussichtspunkte: Ramsleiten, Hofmannsberg, Kreuzkogel, Hochalm

Stützpunkt: Gasthof Durlmühle, Wiesergraben 13, Gresten, T.: +43 (0) 7487/2404

Charakter: Der Rauheisenweg ist ein 1991 geschaffener Themenweg in der Eisenwurzen, der auf keiner Karte genannt wird. Umzäuntes Weideland zwingt mitunter auf Umwege.

Variante: Hinter der kleinen Kapelle auf der Hochalm (1767) fällt der Hang ca. 150 m steil ins Tal ab, ehe die Forststraße nach Oberau erreicht wird. Von diesem Punkt marschieren sie flussabwärts zur Wegteilung bei der Ortlmühle, 508 m. Links bringt sie die Straße zurück auf die Gadenweithöhe, rechts kommen sie zum Gasthof Durlmühle.

Anreise: A2/Abf. Ybbs, B25 bis Scheibbs, B22 bis Gresten, L92 bis zur Abzweigung Zellhof, in südlicher Richtung bis Gadenweit; Linie 660 (Gaming-Gresten-Amstetten) und 655 (Göstling-Scheibbs): Hst. Ybbsbachamt-Zellhof (Anmarsch via Durlmühle).

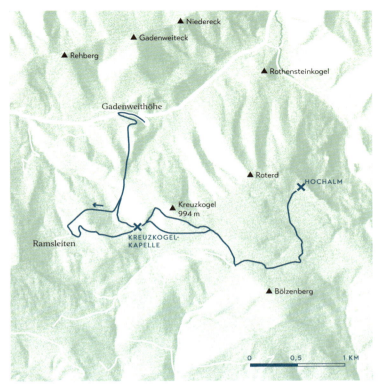

**WEGGESCHICHTE
KURZ UND BÜNDIG**

Rau(h)eisen bzw. Roheisen ist ein minderwertiges, aber weiches und schmiedbares Eisen, das vor dem Bau der Erlauftalstraße auf diesem Saumweg vom steirischen Erzberg nach Gresten geliefert wurde.

WEGBESCHREIBUNG

Die Erde holt sich ihre Wege zurück, doch behutsam. Der Boden nimmt sie auf, er saugt sie ein: Im Waldgebirge zwischen Gresten und Ybbsitz ist eine Straße auf dem Rückzug. Girsch und Fichtenkeimlinge rücken ins Straßenbett vor. Einst überwanden Säumer auf diesem Pfad die Wasserscheide zwischen der Kleinen Erlauf und der Schwarzen Ois und zogen in zahlreichen Kehren über den Kreuzkogel nach Süden. Sie nannten diesen Steig Rauheisenweg.

Ein Stück des Weges ist erhalten. Ausgangspunkt ist der Sattel Gadenweit. Niemand ist auf der Straße. Wanderer? Gasthöfe? Nicht hier. Dies ist eine Tour für jene, die Komfort entbehren können oder ablehnen.

In den alten Geschichten aus Gresten fehlen Erzählungen über Schmiede, obwohl das Eisen in den Hammerwerken der Region weiterverarbeitet wurde, zu Messern, Nägeln und Sensen. Gresten war der Proviant-Markt für den Erzberg. Die ehemals viel begangene Handelsroute nach Innerberg heißt bis heute auch Proviantweg. Der Umschlagplatz für Getreide gelangte im Spätmittelalter zur Hochblüte. Die steirischen Radmeister schafften es damals nicht mehr den Bedarf der Bergleute zu decken. Ausgewählte Handelsstädte wie Gresten, Purgstall oder Scheibbs übernahmen ab 1448 die Versorgung.

- Ein beschilderter Rundwanderweg führt vom Grestner Eisen- und Proviantmuseum zu den Bauern der Region.
- Hochofen-Betreiber.

Dreimärktestraße

GADENWEIT

KREUZKOGEL

Es geht aufwärts, und zwar steil. Die Ramsleiten erreicht man von Gadenweit noch über einen asphaltierten Güterweg. Bei der Umrundung des Hofmannsbergs wechselt man auf einen Karrenweg. Ab der Kreuzkogelkapelle muss man mit einem Waldpfad vorliebnehmen. Der Weg führt über eine Schafweide. Ist diese abgezäunt, umgeht man den Zaun und steigt durch den Wald, parallel zum Normalweg, zum Kreuzkogel auf. Auf dem Höhenrücken verläuft eine breite Waldstraße, der Rundweg Nr. 9 oder Hochalmweg. Das letzte Wegstück durch Wald hinab zu diesem weitläufigen Almgebiet ist wieder asphaltiert.

Hochalmweg? Rauheisenweg? In den alten Quellen findet man diese Namen nicht. »Neuer fart und wagen weeg« hieß der steile Aufstieg aus dem Salza-Tal durch die Mendling nach (Nieder-)Österreich. Säumersteig, »sämbersteig«, »alter saumbweg« oder »alte Saumerstrassen« wurden jene Vorgänger-Wege genannt, die zu schmal waren, um große Warenmengen aufzunehmen.

Diese alten Wege waren »vol lakhen«. Arbeiter mussten »ausfüllen, vnd stain abgleichen«. Im Klartext: Der Weg war voller Löcher, die mit Wasser gefüllt waren – Wasserlacken. Diese Schlaglöcher mussten mit Steinen und Schutt aufgefüllt, umgestürzte Bäume entfernt, Sträucher am Wegrand beseitigt werden, damit die Wege besser trockneten. Beschädigte »Leisten« – die senkrecht aufgestellten Randsteine – mussten ersetzt werden. Das Instandhalten der Landstraßen schafften sich Eisenerz und Vordernberg vom Hals, indem sie diese lästige Pflicht an den Landesfürsten abtraten. Dieser behielt sich dafür das Mautrecht am Präbichl vor.

Ab der mittleren Neuzeit wurde zwischen Post- und Eisenstraßen unterschieden. »Die Erzfuhren durften die Poststraße nicht benutzen, da diese von den schweren Fuhrwerken zerstört wor-

Wegkehre am Kreuzkogel bei Gresten.

Die Gadenweit-Höhe bildet die Wasserscheide zwischen Erlauf und Ybbs.

den wäre. Der Erzweg war dadurch gesichert, dass die Geleise, in denen die Räder der schweren zweispännigen Wagen liefen, mit großen Bruchsteinen ausgelegt waren«, schreibt der Historiker Udo B. Wiesinger.

Auf der Hochalm ist Platz. Es gibt nichts, was sich der Rastplatz-verwöhnte Wanderer von einer Tourismusregion erhofft. Es ist Wiesen- und Weideland ohne Restauration.

Der Rückweg weicht ab. Der Hochalmweg wird auf halbem Weg zur Kreuzkogelkapelle verlassen. Bei der Abzweigung (990 m) auf einer verwachsenen Weide mit im Spätsommer blühendem Schwalbenwurz-Enzian wendet man sich nicht nach rechts Richtung Kreuzkogel, sondern wählt den besseren Weg links hinab nach »Kaltenmarkt«. Der Hangweg endet bei der Kreuzkogelkapelle.

Bei der Andachtsstelle taucht man aus dem Wald auf und folgt einem schmalen Steig, der auf der Nordseite des Bergs hinunterführt (gelbes Schild: Eibensessel, Tretterlehen): Der originale Rauheisenweg beginnt als breiter Hohlweg und endet als schmale Linie im Waldboden. Der Ramsleiten-Güterweg führt uns zum Ausgangspunkt zurück.

Udo B. Wiesinger, Die »Österreichische Eisenstraße«, 1998.

● HOCHALM

Dreimärktestraße

STEIERMARK

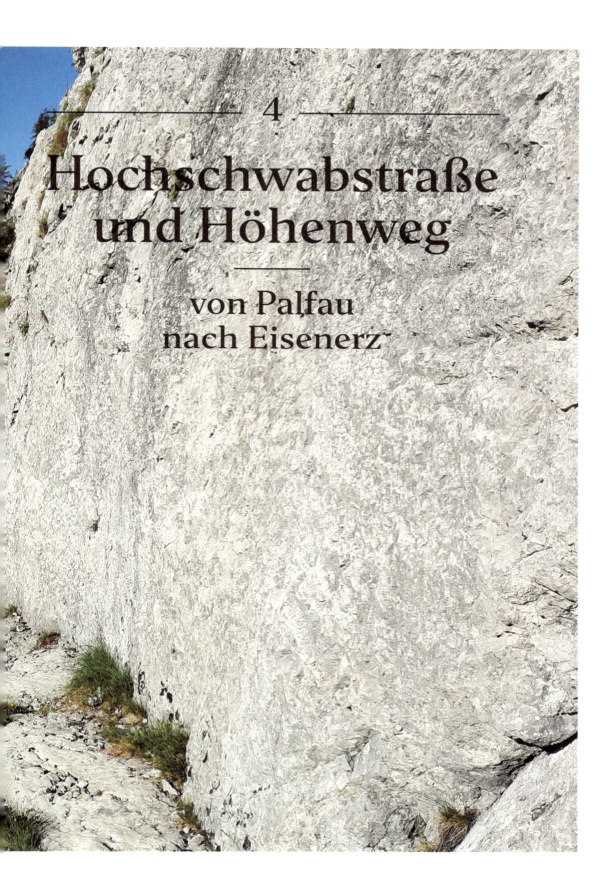

Hochschwabstraße und Höhenweg

von Palfau nach Eisenerz

IN STEIN GEMEISSELT

Die beiden Wege – Hochschwabstraße und Eisenerzer Höhenweg – entstanden in der Mitte des 16. Jahrhunderts nacheinander. Der Weg von Eisenerz entlang der Rohrmauer auf die Eisenerzer Höhe war 1557 fertiggestellt. 1579 trat erneut eine Straßenbaukommission zusammen. Das war die Geburtsstunde der B24[1], der Hochschwabstraße.

Aufstieg: 1.413 hm • Abstieg: 1.215 hm
Distanz: 38,6 km • Dauer: 17 h

HISTORISCHE NAMEN
Neu gemachter Weeg über das Gepürg · Neuer Weg von Wildalpen nach Seisenvorst[2] · Römerweg

1 Bundesstraßen sind seit 1949 durchnummeriert.
2 Mit Wildalpen war Hinterwildalpen gemeint, der Seisenforst war das Waldgebiet um Säusenbach.

1. Eine Bewährungsprobe für die Säumer war die »Salza-Pruggn« über die **Schlucht von Palfau.** Um auf die andere Seite zu gelangen, waren steile und kurvige Zufahrten nötig.

2. Seit 1490 gibt es Nachrichten von Hochwassern. Die **Sage vom Raffelmandl**, das einem Köhler, der beim Brückenbau hilft, das Genick bricht, rührt von einer dieser Naturkatastrophen her.

3. Wildalpen gehörte im Mittelalter zur Herrschaft Gallenstein und somit dem **Stift Admont,** das hier Jagd- und Fischereirechte ausübte.

4. Der Höhenweg von Eisenerz wurde mit **Gabelwagen** befahren, die von einem Pferd gezogen wurden.

5. Der rechteckige Grundriss der Eisenerzer Höhe zeigt, dass dieser Platz einst von einer Mauer umgeben war und zum Umladen genutzt wurde, es war eine **Hebstatt.**

5 Fakten

HISTORISCHE BEDEUTUNG

Der Erzberg war um 1550 das Zentrum der Eisenproduktion in Europa. Der Marktanteil betrug 20 Prozent. 1625 gründeten die Radmeister mit den Hammerherren und den Eisenhändlern der Eisenwurzen die sogenannte »Innerberger Hauptgewerkschaft«, einen Montankonzern mit 3.000 Beschäftigten. Bis zu 40 Prozent des österreichischen Eisens stammte damals vom Erzberg. Gleichzeitig stieg der Bedarf an Verbindungswegen für den Transport von Roheisen, Eisenprodukten und Holzkohle stark an. So wurde das entlegene Gebiet nach und nach verkehrsmäßig erschlossen.

MENSCHLICHE MASCHINE

Vor mir auf einem flachen Stein steht meine Jause: Butterschmalz und Speck und Schnaps, das sind die Zutaten, um die menschliche Maschine den Berg hinaufzutreiben. Hören Sie hin! Die Stille ist im westlichen Hochschwab tiefer als in anderen Gebirgen der Kalkalpen, die ich kenne. Die Eisenwurzen wirkt leer ohne die Schmuggler, die Säumer, die Köhler und Senner, die hier gelebt und gestorben und eines Tages ganz verschwunden sind.

Der **Torstein** in der steirischen Eisenwurzen mit seinen zwei markanten Felsgipfeln, Kleiner und Großer Torstein, liegt westlich von Wildalpen. Benannt ist er nach einer Tor genannten Scharte.

Säusenbach liegt am Zusammenfluss von Hinterwildalpenbach und Siebenseebach. 1139 wurde der Ort urkundlich erwähnt: »Susinpach.« Darin steckt das mittelhochdeutsche Wort für sausen und brausen.

• Wie in »Gesäuse«.

Hinterwildalpen und **Wildalpen** sind schon dem Namen nach Orte, die in der Wildnis liegen. Sie werden im 16. Jahrhundert nacheinander benannt. Der Saumpfad – heute ein verwachsener Wanderweg – zieht hangseitig von Hinterwildalpen nördlich des Sagkogels und des Schneekogels über die Pöschenhöhe nach Säusenbach und Wildalpen.

Auf alten Karten sind viele Hütten in der Umgebung der Eisenerzer Höhe und auf den Arzerböden eingezeichnet. Eine davon heißt **Todtenhütte.** Laut Grimms Wörterbuch ist eine Todtenhütte ein Sarg. In einsamen Berggegenden wurden Tote in Kisten gelegt und bis zu ihrer Beisetzung aufbewahrt.

• ORF, Hörbilder Eisenstraße, 1998.

Warum so viele alte Wege **»Römerweg«** heißen, hat verschiedene Ursachen. Zum einen, weil man eine Altstraße aus Stein mit Spurrillen generell für ein Werk der antiken Hochkultur hielt. Zum anderen, da man annahm, dass in Eisenerz schon in römischer Zeit Eisen hergestellt wurde. Die frühesten Nachweise für Eisenproduktion am Erzberg stammen aber aus dem Mittelalter.

Hochschwabstraße und Höhenweg

Wandern an der Hochschwabstraße
Paradiesweg an der Salza

10,2 km · 3 ½ h · 237 hm im Auf- und Abstieg · leicht

Teilstrecken: Stiegenwirt in der Unteren Palfau (529 m) – Forsthausweg (530 m) – Hasenbichl (583 m) 1 H Rastbank auf Höhe Erzhalden gegenüber der Mendling-Mündung in die Salza (536 m) 1 H sandiges Ufer der Salza zwischen Schütt- und Steingraben (533 m) 1½ H auf gleichem Weg zurück

Bevorzugte Jahreszeit: Sommer und Herbst

Ausgangspunkt/Talort: Stiegenwirt, Gabelung von Salza- und Erlauftalstraße

Aussichtspunkte: Forsthaus, Mündung der Mendling, Schüttgraben

Stützpunkte: Gasthof Stiegenwirt, Palfau 159, T.: +43 (0) 664 4144251; Gasthof Wasserlochschenke, Palfau 72, T.: +43 (0) 3638 322

Charakter: Der Anmarsch entlang der Straße lässt sich verkürzen, es gibt nach der Salzabrücke Parkmöglichkeiten. Nach kurzem Aufstieg zum Hasenbichl beginnt der zu Recht sogenannte »Paradiesweg«, der allmählich zur Salza hinableitet.

Variante: Weitermarsch zur Wasserlochschenke, hinter der Sie in die Wasserlochklamm einsteigen können (Aufstieg 1,5 h); in Palfau bietet sich eine Besteigung des Gamssteins an (Hochkogel, 1.774 m; Rundweg, 6 h).

Anreise: A1/Ybbs, B 25 bis Palfau

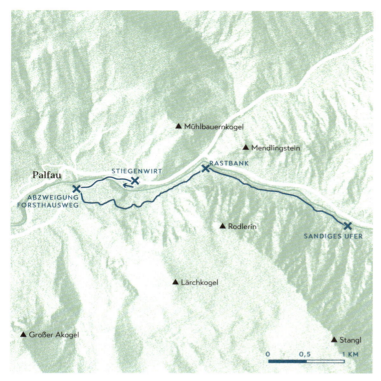

**WEGGESCHICHTE
KURZ UND BÜNDIG**

Die Hochschwabstraße setzt nahe der Mündung der Mendling in die Salza an und führt flussaufwärts gegen Gusswerk. Die Vorgängerin der B24 wurde im 16. Jahrhundert gebaut, um die Dreimärkte-Straße (B25) mit dem waldreichen Wildalpen zu verbinden.

WEGBESCHREIBUNG

Das ist schon was anderes. Die steil aufragenden Schroffen im westlichen Hochschwabgebiet brechen mit den sanften Formen der Vor- und Randalpen. Nicht nur die Umgebung, auch die Sagen sind rauer. Kein Lutscherl, das im Wechselland den Wanderern die Füße blutig schneidet, das Raffelmandl meint es ernst. Wer ihm zum zweiten Mal begegnet, muss mit dem Schlimmsten rechnen, egal ob er frisch verliebt oder nur in Gedanken versunken, ob er fleißig oder gierig ist.

Dort, wo heute ein Sammelpunkt für Wildwasserfahrten auf der Salza ist, im Mündungsbereich der Mendling, entstanden die Geschichten rund um das rachsüchtige Raffelmandl. Zufall? Ich glaube nicht.

Die Gegend nennt man bis heute Erzhalden. Sogenannte »Flossenaufleger« hievten hier das Roheisen auf Wagen, mit denen es zur Weiterverarbeitung in die niederösterreichischen Hammerwerke transportiert wurde. Das Eisen kam vom steirischen Erzberg, auf Straßen, die eigens zur Beförderung des Metalls sowie von Holzkohle und Proviant für die Hüttenleute angelegt worden waren. An dieser Stelle überquerten die schwer beladenen Karren die Brücke über jenen Wildbach, der aus dem Raffelgraben in die Mendling floss.

× MÜNDUNGSBEREICH MENDLING

Hochschwabstraße und Höhenweg

Die wuchtigen Kalkwände und der reißende Fluss verfehlen ihre Wirkung auf Naturliebhaber nicht.

Naturbelassener Abschnitt des Weges am Salza-Ufer.

Einmal riss der hochwasserführende Bach den Steg weg. Die Reparatur der Brücke an dieser Engstelle war gefährlich. Doch die Innerberger Hauptgewerkschaft belieferte ab dem 17. Jahrhundert halb Europa. Man hatte Termine einzuhalten. Der fleißigste Brücken-Arbeiter, ein Köhler, erlag der Sage nach der Versuchung, von der feuchten Baustelle etwas mitzunehmen, was ihm nicht gehörte. Die Holzkohleabfälle, die er einsteckte, waren in Wahrheit Silbermünzen. Der arme Köhler packte die Gelegenheit beim Schopf. Er eilte zurück zur Brücke, um mehr von den sogenannten »Braschen« zu holen. Dort traf er auf den Besitzer, das Raffelmandl. Der Dämon war wütend, wuchs zu einem Riesen heran und erschlug den Wurm.

In der christlich verbrämten Legende – Du sollst nicht stehlen! – ist »heidnisches« Gedankengut verborgen, wie ich finde. Die Situation ist im Grunde hoffnungslos. Egal wie hart der Köhler schuftet, es nützt ihm nichts. Sein Lebensfaden ist längst gesponnen und wird durchtrennt, wann immer es dem Schicksal gefällt.

Beim Stiegenwirt in Palfau hat man an Spätsommertagen andere Sorgen. Es gibt zu wenige Tische, um die zahlreichen tschechischen und heimischen Gäste zu bewirten. Das ist nicht tragisch. Der Paradiesweg, den wir heute gehen, ist nicht lang. »In zwei Stunden seid ihr zurück, dann habe ich wieder freie Plätze«, sagt die Wirtin.

× PALFAU

Der Paradiesweg verläuft – flussabwärts betrachtet – am linken Ufer der Salza. In einer frühen Landkarte von Innerösterreich (1784/1785) ist der Pfad eingezeichnet.

Um zum Einstieg beim Forsthaus zu gelangen, marschieren wir die B25 in Richtung Gams bei Hieflau und marschieren zunächst hinunter zur Brücke über die Salza. An der jenseits des Flusses ansteigenden Straße gibt es ein paar Parkplätze. Nach ca. 1 km biegen wir links in die Forsthausstraße ein (Blick auf den Mendlingstein am Zusammenfluss von Mendling und Salza). Wir betreten den Wald und ziehen hinauf zur Kreuzung am Hasenbichl, wo der Paradiesweg einsetzt (30 Minuten ab Stiegenwirt).

Ab hier brauchen wir uns nicht mehr um Wegführung oder Orientierungspunkte zu kümmern, es gibt nur diesen einen Weg. Wir lassen die Wucht der Kalkwände und das Grün der Salza wirken. Wir treiben flussaufwärts, ohne nass zu werden.

In einer sandigen Bucht, zwischen Schüttgraben und Wasserlochwirt, berührt der Pfad den Fluss. Gruppen von Kajakfahrern paddeln vorbei. Unter den Felswänden wirken die Wassersportler winzig. Wir sitzen am Salza-Strand wie Grünhütl und Spitzhütl, zwei Berggeister, und rufen den Urlaubern »Ahoj« und »Servus« zu. Bald werden die Boote an der Mendling-Mündung anlanden. Dort werden wir uns wiedersehen.

× SANDIGE BUCHT DER SALZA

Hochschwabstraße und Höhenweg

Wandern am Eisenerzer Höhenweg
Römerweg in der Rohrmauer

14,5 km · 4 ½ h · ca. 1000 hm im Auf- und Abstieg · schwer

Teilstrecken: Hinterwildalpen (780 m) ½ H Lichtenegg (946 m) ½ H Jungfernsprung ½ H Eisenerzer Höhe (1.549 m) 1 H Arzerbödenalm (1.335 m) und Römerweg ½ H Eisenerzer Höhe 1 ½ H Hinterwildalpen

Bevorzugte Jahreszeit: Sommer und Herbst

Ausgangspunkt: Hinterwildapen

Talorte: Wildalpen, Eisenerz

Aussichtspunkte: Jungfernsprung, Eisenerzer Höhe, Arzerböden, Römerweg

Stützpunkt: Gasthaus zum Krug, Hinterwildalpen 49, Wildalpen, T.: +43 (0) 3636 / 210

Charakter: Ein schmaler Steig windet sich ab Lichtenegg in vielen Kehren zur Eisenerzer Höhe hinauf; mit Ausnahme der Mariazeller Wallfahrt ist hier nur wenig Betrieb; die Geleisestraße zwischen den Arzerböden und der Rohrmauer weist kein Geländer auf.

Variante: Von der Eisenerzer Höhe aus lassen sich einige Gipfel erreichen (Geiger, 1.723 m, Hochblaser, 1.771 m u.a.).

Anreise: A2/Ybbs, B25 bis Mendling, B24 bis Wildalpen, am Ortsende rechts in den Hinterwildalpenweg einbiegen

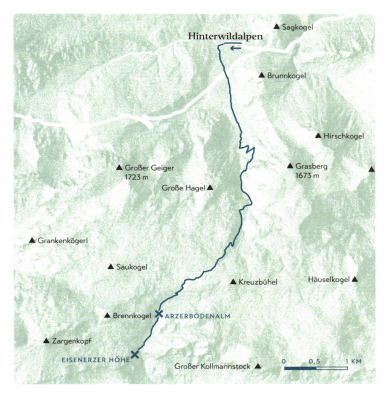

WEGGESCHICHTE KURZ UND BÜNDIG

Ab 1556 rollten mit Holzkohle beladene Karren über die »Eisenärtzerhöhe«. Der Name Römerweg wurde vermutlich von einem der Geometer vergeben, welche die Trasse damals planten. Ab dem 17. Jahrhundert beförderte man Erz zum Schmelzofen nach Wildalpen.

WEGBESCHREIBUNG

Es ist so: Auf den Saumpfaden im Hochschwab und Eisenerzer Gebiet waren nicht nur mit Holzkohle und Roheisen schwer beladene Anzenwagen (leichte Lastkarren mit geringer Spurweite) im Auftrag der Innerberger Hauptgewerkschaft unterwegs. Auch viele Hausierer und Wanderhändler mit Spitzkraxen auf dem Rücken nutzten die Berggassen. Einen dieser Steige tauften Kartografen aus Verehrung für die Antike »Römerweg«.

So führte dieser alte Weg vom Leopoldsteiner See auf die Eisenerzer Höhe. Die Passhöhe war ein Umladeplatz, weil die Spurweite dies- und jenseits der Höhe verschieden war.

Hier oben bewirtschafteten Senner und Sennerinnen die Almen, lange bevor die staatliche Straßenbaukommission Mitte des 16. Jahrhunderts beschloss, diesen Pfad zum Fahrweg nach Wildalpen auszubauen. Auf dem schweren Übergang ins Salza-Tal blühte die Fantasie der Säumer. Die Figur der mutmaßlich zarten – eher reschen – Sennerin, die allein auf der Hochalm lebt, begegnet in den steirischen Sagen als verfolgte Unschuld oder Mordopfer: Ein Reiter hoch zu Ross jagt der Legende nach einer Maid an der Nordseite des Berghangs bis zum Eisenerzer Bach nach. Die Schlucht überwindet die Jungfrau mit einem weiten Satz, Todesfurcht verleiht übermenschliche Kräfte. Der adelige

Hochschwabstraße und Höhenweg

Am 20. April 1977 rollte dieser Felsbrocken zu Tal und blieb auf dem Weg liegen.

ARZERBÖDENALM ✕

Reiter stürzt ins Wasser und kommt um. Die Sage vom Jungfernsprung erinnert mich an den König in der Erzählung aus Neckenmarkt (siehe Kapitel »Der Weiße Weg«), der im Teich versinkt. Hat er vielleicht eine Magd verfolgt und ersoff deshalb im »Königsteich«? Die Realität war oft genug frei von Gerechtigkeit – nur in der Sage ereilte den Grobian seine verdiente Strafe.

Ich warte, bis die Sonne aufgeht. Lasse einem Paar den Vortritt, das noch früher losmarschiert. Die Eisenerzer Höhe ist ein derart einsamer Platz, es ist nicht nötig, beim ersten Hahnenschrei durch das Bett des Eisenerzer Bachs zu schleichen. Der Weg ist leicht zu finden und führt vom Ortszentrum nach Süden. Im Steilhang ist das Datum 20. April 1977 in einen Felsbrocken geschlagen worden, es erinnert an einen Felssturz, dessen Reste sich an dieser Stelle verteilen. Von der Eisenerzer Passhöhe wandere ich zur Arzerbödenalm hinunter. An deren Ende steht die steil abfallende Felswand der Rohrmauer, in der vor einem halben Jahrtausend ein ca. 500 m langer Fahrweg angelegt wurde. Falls es ein Holzgeländer gegeben hat, ist davon nichts mehr zu sehen. Die Breite des »Römerwegs« schwankt zwischen 1,57 und 2,90 m. An seiner schmalsten Stelle ist der Weg aus dem Fels geschrämmt. Die Spuren der Schlägel sind in der Wand und in der Fahrbahn zu erkennen. Der Fels ist übersät von Zeichen, so ist einmal eine X-ähnliche Markierung in den Stein gemeißelt, anderswo finden sich Jahreszahlen: 1554 und 1566 .

1554 wurde der Bau des »Neuen gemachten Weegs« begonnen, 1556 war er abgeschlossen. Im selben Jahr wurde der Jungfernsprung durch eine »schiech in den Lufft hinaus an die Stainwanndt hinan gemacht Pruckhen« gesichert, wie es in einem zeitgenössischen Bericht der Straßenbau-Commission heißt. Die zweite Jahreszahl (1566) deutet auf spätere Ausbesserungsarbeiten hin.

Die geplante Überschreitung nach Eisenerz blase ich ab. Sie werden mein Herumbrodeln verstehen, wenn Sie ein paar Stunden auf diese Hochalm versonnen in die Luft geschaut haben.

Dazu gibt das Hochgebirge für Botaniker einiges her, Trollblumen lassen sich geduldig studieren.

Ich schleppe mich auf die Eisenerzer Höhe zurück und komme nicht umhin, die Säumer vergangener Tage für ihre Ausdauer zu bewundern.

✕ EISENERZER HÖHE

Hinter jedem Grünerlengebüsch kann sich eine Überraschung verbergen: Gämsen brechen aus dem Unterholz, eine Dame, die sich auf einem Stein sonnt, zieht sich schnell den Sport-BH an. Wer rechnet denn hier schon mit Besuch? Ich zucke mehr zusammen als sie und mache einen weiten Umweg um die weiße Frau. Diese Sagengestalt geht in dieser Alpengegend um, das Wegkreuz auf der Eisenerzer Höhe ist fest mit der Sage von der weißen Frau verbunden: Eine Sennerin musste dran glauben. Ihr Geliebter erstach sie und gab danach an, sich vor einem Gespenst erschrocken zu haben. Aus dem blutgetränkten Boden der Eisenerzer Höhe ragte seitdem das Rote Kreuz (Marienbildnis).

Trittsicherheit ist das A und O, über den Weg selbst herrscht Klarheit: Der rot markierte »828er« (13 km: Seeau – Rohrhütte – Römerweg – Eisenerzer Höhe – Hinterwildalpen) ist auf beiden Seiten der Passhöhe leicht zu finden.

Die Hochalmen der Arzerböden liegen südlich der Eisenerzer Höhe.

Hochschwabstraße und Höhenweg

Südost

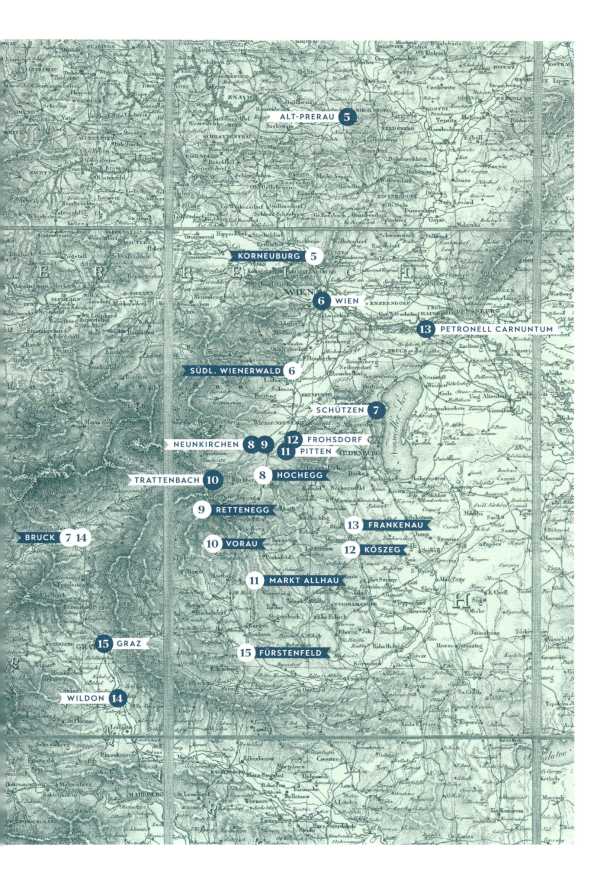

NIEDERÖSTERREICH

5
Goldweg
von Alt-Prerau nach Korneuburg

ZUGROUTE NACH DEM SÜDEN

Dieser prähistorische Verkehrsweg verlief von der Thaya bei Mušov/Muschau über die Weinviertler Kalkklippen zur Donaufurt bei Klosterneuburg. Die Strecke wurde von den Römern ausgebaut und von ihren Nachfolgern weiter genutzt. Erstmals erschien der Name Goldweg, wie der Streckenteil nördlich der Zaya hieß, 1245 in einer Urkunde.

Aufstieg: 309 hm • Abstieg: 311 hm
Distanz: 65 km • Dauer: rd. 20 h

HISTORISCHE NAMEN
Zayenweg · Hochweg · Frettinger Steig · Goldweg

[1] Römischer Militärstützpunkt nahe Mikulov, der ein Badehaus einschloss. Hier wurde bis ins frühe 20. Jahrhundert Straßenmaut eingehoben. In den 1970er-Jahren im Thaya-Stausee versunken.

5 Fakten

1. Entlang der Straße wurden die Felsgipfel mit **Wachtürmen und Burgen** bestückt, etwa auf dem Buschberg bei Niederleis.[1]

2. Die **Route** einer Altstraße war **nicht immer exakt festgelegt** und der Zustand der Straße war wetterabhängig.

3. Mit einer Höhe von mehr als 450 m ist der **Oberleiser Berg** ein idealer Aussichtspunkt.

4. Oberleis und die nahe römische Zivilstadt in Niederleis waren **Zentralorte** auf der Marschroute der Legionen.

5. Um die Kreuzung des Goldwegs mit dem Staatzer Weg entstanden im frühen Mittelalter **ungarische Siedlungen:** Ober- und Unterschoderlee, Fallbach und Ungarndorf.

HISTORISCHE BEDEUTUNG

Altstraßen sind Aufmarschwege. Die Militäraktionen der Antike und des Mittelalters nördlich der Donau wären ohne ein verzweigtes Straßennetz undenkbar. Ungarische Streifscharen beispielsweise bestanden aus etwa 300 Bogenreitern. Jeder Krieger führte bis zu drei Reitpferde und ein Lastpferd mit. Große Kampfverbände umfassten bis zu 5.000 Krieger und eine entsprechende Zahl von Tieren. Solche Mengen nahm ein gewöhnlicher Trampelpfad nicht auf.

Vom Babenberger Adalbert dem Siegreichen (1018–1055) ist bekannt, dass er bei einer Schlacht gegen die Ungarn 300 Mann mitführte, von denen 30 voll ausgerüstet waren. Sein erstgeborener Sohn Liutpald (Leopold) zerstörte 1041 eine böhmische Stadt (im Original: urbs) bei Zwingendorf nahe Laa an der Thaya.

Die Babenberger förderten einen Nebenast des Goldweges, die Laaer Straße. Auf ihr war die Thaya-Grenze schneller zu erreichen. Laa an der Thaya blieb auch nach dem Aussterben der Babenberger ein wichtiger Handelsplatz, und ein Ort, an dem der Landesherr seine Truppen zusammenzog.

DER WEG AM RAND DER KLIPPEN

Der Goldweg ist reich an bemerkenswerten Orten. Einige sind erhaben, andere makaber. Manche von ihnen sind in alten Karten vermerkt.

Tödt den Hengst bei Karnabrunn. Nach Mähren transportierte man auf dem Goldweg Wagenladungen voller Salz. Der mörderische Flurname ist bezeichnend für die Art von Gelände, mit dem man in vorindustrieller Zeit unmittelbar konfrontiert war. Jähe Anstiege und Abfahrten auf holprigem Untergrund hauten selbst das stärkste Ross um.

Wachtberg bei Helfens. Der nur 238 m hohe Aussichtspunkt nahe dem Dorf deckt den Straßenast am Helfensbach. Dieses Gewässer fließt dem Taschlbach bei Thomasl zu, von wo aus Niederleis – hurtigen Schenkels – noch vor Einbruch der Dunkelheit zu erreichen ist.

Furt am Oberlauf der Zaya. Die Zaya entspringt in den Leiser Bergen. Auf der Josephinischen Landeskarte des 18. Jahrhunderts sieht man, wie sich der Fluss unterhalb von Zwentendorf nach Südosten wendet und in zwei Arme aufteilt. Das Wasser floss in diesem Auwaldbereich langsamer, es kam zu Ablagerungen und zur Bildung kleiner Inseln. Dank dieser Schotterbänke gelangten die Säumer und Wagenlenker bei Niedrigwasser mit ihrer Fracht ans andere Ufer.

Beim Goldweg zwischen Staatz und Neudorf. In Ost-Österreich sind Berg- und Wegnamen mit dem Wortbestandteil Gold- im übertragenen Sinn zu verstehen. Sie bezeichnen exzellente Weinlagen oder Geschäftsstraßen, auf denen kostbare Waren transportiert wurden.

> Die Ländereien entlang des Goldwegs waren im Mittelalter im Besitz adeliger Familien – der Vohburger, der Schaunberger und der Maissauer –, die Babenberger hatten keinen Zugriff auf diese Gebiete.

Wandern am Goldweg
Runde durch die Leiser Berge

9 km · 2 h · rd. 290 hm im Auf- und 330 m im Abstieg · leicht (mittel, wenn die Steigspuren des Gipfelaufbaus im Winter vereist sind)

Teilstrecken: Schloss Niederleis (282 m) ½ H Pfaffenbründl (387 m) – zum Sattel (440 m) zwischen Steinmandl und Buschberg ½ H Buschberg-Kreuz (485 m) ½ H via Zahlberg-Höhenweg nach Oberleis (424 m) ¼ H Römerweg und -brücke nach Au, Marienkapelle (340 m) ½ H über Feldwege zum Ausgangspunkt zurück

Bevorzugte Jahreszeit: ganzjährig

Ausgangspunkt/Talort: Niederleis

Aussichtspunkte: Buschberg, Zahlberg, Oberleiser Berg

Stützpunkte: Buschberghütte des OeAV (Sektion Mistelbach), Pyhra 86, T.: +43 (0)2525/20524; Gasthaus Haselbauer, Niederleis 20, T.: +43 (0)2576/7010

Charakter: Das felsige Gepräge des Buschbergs und das große Gipfelkreuz stehen im Gegensatz zu den sonst weichen Formen des Weinviertels. An Wochenenden ziehen die Leiser Berge Halbschuhtouristen genauso an wie »ernsthafte« Wanderer.

Variante: Am höchsten Punkt der Straße Niederleis-Gnadendorf zweigt der Altweg nach Michelstetten ab und führt hinab zu der 1136 als »de Michelenstetten« erstmals genannten Zwischenstation an der Fernstraße von der Donau nach Mähren. Der Name des Orts bedeutet »bei den ausgedehnten Wohnstätten«; sehenswert: die spätromanische Wehrkirche, deren Obergeschoß Pilgern offenstand (plus 1 h).

Anreise: A22 / Korneuburg-Nord, B6 Laaer Straße bis Nodendorf, rechts nach Niederleis abzweigen; Linie 572 (Mistelbach-Ladendorf-Ernstbrunn)

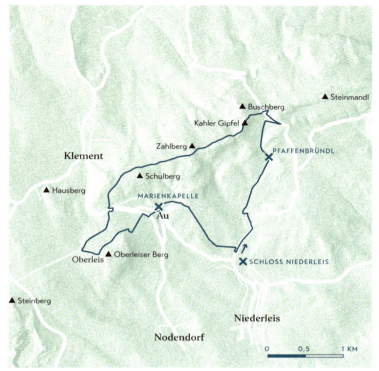

WEGGESCHICHTE
KURZ UND BÜNDIG

In Niederleis entstand in römischer Zeit eine Zivilstadt, auf dem Oberleiser Berg wurde eine militärische Anlage unterhalten. Diese deckte die Wege der Händler, die auf ihrem Weg von der Donau nach Mähren durchreisten.

WEGBESCHREIBUNG

Ein Teil der Menschen, der nördlich der Donau siedelte, war immer schon mobil. Kundschafter und Händler wanderten seit der Jungsteinzeit nach Süden, und folgten dem Klippenzug bis zur Donau. Kunststück! Von der Spitze des Buschbergs sieht man bis zum Strom.

Die Klippen sind eine in Nord-Süd-Richtung verlaufende Kalkzone mit etlichen Sicht- und Wachtbergen. Dieser Höhenzug streicht vom Waschberg bei Stockerau über die Leiser Berge, die Staatzer Klippe, das Falkensteiner Hügelland bis zu den Pollauer Bergen bei Mikulov in Süd-Mähren.

Dieser Klippenzug, der das westliche vom östlichen Weinviertel trennt, ist ideal für Wachttürme und Spähposten. Zwei von ihnen berührt diese Wanderung. Den Buschberg, den höchsten Gipfel des Weinviertels, und den Oberleiser Berg.

Die Leiser Berge waren einst eine Geländemarke an der Handelsstraße von Korneuburg nach Mähren. Heute liegt Niederleis abseits der Verkehrsströme. Die Westmauer des Schlosses Niederleis bietet eine Parkmöglichkeit und ist der Startpunkt dieser Tour.

✕ SCHLOSS NIEDERLEIS

Man marschiert ein kurzes Stück die Straße Richtung Pyhra und Gnadendorf entlang, in der ersten Kehre geht man geradeaus auf dem Pfaffenbründlweg weiter. Dieser Feldweg zum Pfaffenbründl – eine mittelalterliche Feldbegrenzung, die inzwischen

✕ PFAFFENBRÜNDL

Goldweg

zu einem Hohlweg geworden ist – umgeht die Landesstraße im Süden. Das verbindende Flurstück heißt bezeichnenderweise Mitterbergen. Hinter dem Pfaffenbründl steigt der Weg steil durch den Wald am Südhang des Buschbergs an. Der Waldweg endet wieder auf der Landesstraße, der man nun noch rd. 300 m bergauf folgt. Beim Parkplatz am Fuß des Buschberggipfels steigt man in den eigentlichen Höhenweg ein.

BUSCHBERG

Der Weg zum Gipfelkreuz des Buschbergs erinnert an alpine Steige, doch ehe es wirklich anstrengend wird, steht man bereits auf dem kahlen, steinigen Kegel. Das Kreuz befindet sich auf einem südlich vorgelagerten Nebengipfel des Buschbergs. Die Wälle der mittelalterlichen Hausberg-Anlage lassen sich im Gelände noch erahnen. Die Buschberghütte liegt westseitig auf dem Buschberg-Hauptgipfel, der von einem Flugsicherheitsradar der Austro Control belegt ist.

Hausberge waren Motten, kleine Erdburgen, zur Verteidigung der Bevölkerung.

Aus den Schwedenkriegen des 17. Jahrhunderts ist eine Oberleiser Variante der Meisterschuss-Sage überliefert. Diese Version kommt ohne einen einzigen Schuss aus, der Feind zieht ab, weil ihn ein frommes Mädchen darum ersucht. Zugegeben, das Dirndl aus Michelstetten hat himmlischen Beistand. Als es das Lager der Schweden betritt, ziehen Wolken auf, ein Blitz streckt den ersten Soldaten nieder, der die Jungfrau in den Arm nimmt. Danach lauschen die Männer ihren Worten und achten nicht mehr auf ihr Äußeres. Die Legende behauptet, die Söldner hätten in der Kirche von Oberleis das Gelübde abgelegt, zum katholischen Glauben überzutreten.

OBERLEISER BERG

Vom Buschberg-Kreuz schreitet man den Höhenzug der Leiser Berge ab. Den Römerweg über den Oberleiser Berg kann man, je nach Lust und Laune, mitnehmen oder auslassen. Die sogenannte »Römerbrücke« überspannt die Landesstraße und verbindet die

MARIENKAPELLE

Orte Oberleis und Au, sodass man bequem hin und her wechseln kann. Ab der Kapelle in Au folgt man den Wegweisern nach Nie-

NIEDERLEIS

derleis zurück zum Startpunkt.

Feuchtbiotop unterhalb des Pfaffenbründls.

Hölzerne Wegweiser wie dieser zwischen Au und Niederleis wirken heute überholt, im 18. Jahrhundert waren sie eine Neuerung. Bis dahin fragte man sich durch oder engagierte einen ortskundigen Führer.

Wege entstanden oft aus Ackerrainen und Grenzlinien zwischen Äckern und Wäldern.

NIEDERÖSTERREICH

6
Liesinger Weg
von Wien in den südlichen Wienerwald

NACH BADEN SOLLTE MAN REISEN

Die Geschichte dieses Verkehrswegs reicht bis in die Römerzeit zurück. Die Straße verband das Legionslager Vindobona mit den Thermen von Aquae (Baden). Diese Zufahrtsstraße in den südlichen Wienerwald wurde um das Jahr 1000 erneut von Siedlern genutzt, nachdem der Raum zwischen Dürrer Liesing (Kaltenleutgebenbach) und Piesting zur Rodung freigegeben worden war.

Aufstieg: 394 hm • Abstieg: 186 hm
Distanz: rd. 55 km • Dauer: 15 h

HISTORISCHE NAMEN
Penzinger Weg[1] • Kothgasse[2] • waldamtliche Chaussee[3] • Mariazellerweg

1 Mariahilfer Straße
2 Gumpendorfer Straße
3 Breitenfurter Straße
4 Auf Höhe der Stiftskirche stand ein Wachturm, ähnlich dem Laßlaturm auf der Wieden.

1. An der Kreuzung zweier Altstraßen vor dem Wiener Burgtor, der Mariahilfer Straße und der Windmühlgasse (Liesinger Weg), stand ein Hospiz: das im Jahr 1343 gegründete **Theobaldkloster.**

2. Wachtürme[4] und Wehrkirchen sicherten den Verkehr. Der Liesinger Weg führte den »Pühel«, später »Mariahilferbergl« genannt, hinab zur Steilkante über dem Wienfluss. Dort stand bis 1776 die alte **Ägidikirche von Gumpendorf.**

3. Der **Liesinger Platz** ist ein Kreuzungspunkt der Altwege im Süden Wiens, unter ihnen der Liesinger Weg.

4. Nach den Römern entdeckten die **Babenberger** die Thermalquellen von Baden neu.

5. Dem Liesinger Weg folgend gelangt man nach Alland. Diese Verbindung heißt bis heute **Alter Weg.**

5 Fakten

HISTORISCHE BEDEUTUNG

Der Liesinger Weg ist eine der neun heute noch nachvollziehbaren Altstraßen Wiens. Er zweigt am Mariahilfer Bergl von der Mariahilfer Straße ab und folgt der Windmühlgasse und der Gumpendorfer Straße bis zum Wienfluss bei der Nevillebrücke. Jenseits des Flusses ist die Strecke zwar durch die großstädtische Verbauung getilgt. Doch in den breiten Straßenzügen der Wilhelmstraße und der Breitenfurter Straße sind Sie auf der Originalstrecke unterwegs.

WEIN AM GEBIRGE

Der Liesinger Weg verbindet zunächst ehemalige Wiener Vororte, die lange vor ihrer Eingemeindung in den 6. und 5. Bezirk als eigenständige Grundherrschaften oder dörfliche Siedlungen Bestand hatten: **Windmühle** entstand nach 1562 als Schenkung Kaiser Ferdinands I. an den Herold Hans von Francolin. Der errichtete auf der »öden Stette« eine Windmühle und Mietshäuser.

Die Keimzelle von **Hundsturm** war die 1408 genannte »Hunczmühle«. Die Siedlung »Reinprechtsdorf am Hundsturm« entwickelte sich im 17. Jahrhundert zwischen Spengergasse und Margaretengürtel.

Das 1564 gegründete Bräuhaus stand auf dem heutigen Hundsturmer Platz.

Gatterhölzl ist ein ehemaliger Wald auf der Kuppe der Laaerberg-Terrasse nahe der Philadelphiabrücke in Meidling, durch den der Liesinger Weg führte. Das letzte Wäldchen fiel 1910 dem Bau der Maria-Theresien-Kaserne zum Opfer.

Nach Überquerung des Liesingbaches in Atzgersdorf berührt der Liesinger Weg einige Weinbauorte am Ostrand des Wienerwaldes. Der in Brunn am Gebirge, Mödling oder Gumpoldskirchen angebaute und ausgeschenkte **Wein** wurde auch nach Westen geliefert, wo es zwar Eisen und Salz gab, aber nur wenig für die Seele, wie es heißt.

Die Riednamen der Weingärten von Brunn am Gebirge stammen zum Teil aus dem Mittelalter. Besonders ertragreiche Gründe heißen hier **Goldtruhen** (seit dem 18. Jahrhundert). Sie füllten die Truhen des Besitzers mit Gold.

Hanns K. Koch, Die Flur- und Riednamen der Katastralgemeinde Brunn am Gebirge, 1978

Vor den Sprengungsarbeiten für den Bau des Straßentunnels im Helenental im Jahr 1826 überwand die Straße den **Urtelstein.** In alten Karten heißt es »Urtheilstein«. Urteil bedeutete ursprünglich »Wahrspruch, den der Richter erteilt«. Kurzum: Der Urtheilstein war eine alte Rechtsgrenze, in Baden wurde die Blutgerichtsbarkeit ausgeübt.

Ein Stockwerk tiefer lag die Klause des Helenentals, hier wurde getriftetes Holz aus dem Schöpfl-Gebiet gestaut, um es mit dem Wasserschwall weiter gegen Möllersdorf zu **schwemmen.** Was für ein Anblick, der sich den Kurgästen bot, die am Südufer promenierten!

Die Trift an der Schwechat endete mit dem Bau des Wiener Neustädter Kanals 1803.

Wandern am Liesinger Weg
Von St. Helena auf den Schwarzberg und nach Siegenfeld

9,7 km · 2 ¾ h · rd. 300 hm im Auf- und Abstieg · leicht (bis mittel: Schwarzberg)

Teilstrecken: Hauswiese im Helenental (265 m) ½ H Schwarzbergaussicht (307 m) ½ H Siegenfeld (357 m) 40 MIN Purbachtal (332 m) 50 MIN Ruine Rauhenstein (284 m) 20 MIN Hotel Sacher, St. Helena (244 m)

Bevorzugte Jahreszeit: Sommer und Herbst

Ausgangspunkt: Hauswiese im Helenental

Talort: St. Helena, 245 m

Aussichtspunkte: Steinstiegen auf dem Schwarzberg, Siegenfeld-Bühelweg, Siegenfeld-Hochweg

Stützpunkte: Waldgasthaus Hauswiese 1, Baden, T.: +43 (0)676 6091358; Gh. Skilitz, Badner Straße 2, Siegenfeld im Wienerwald, T.: +43 (0)2252 41187

Charakter: Gemütliche Waldwege herrschen vor, nur die Partie unter den Kletterfelsen am Schwarzberg ist steiler; das Kraxeln in den Burgtrümmern von Rauhenstein ist nicht zu empfehlen, zumal bei Schlechtwetter oder Schneelage.

Variante: Von Siegenfeld einen Abstecher nach Heiligenkreuz unternehmen. Der Weg zum Stift führt über einen niedrigen Pass (440 m) – zwischen Reiset- und Bodenberg –, markiert durch ein »weißes« Wegkreuz aus dem 16. Jahrhundert.

Anreise: A2/Ausfahrt Baden, Ebreichsdorfer Straße B210 bis St. Helena; Linie 308 Baden-Altenmarkt über Siegenfeld

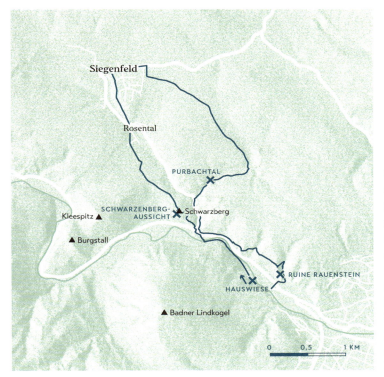

WEGGESCHICHTE KURZ UND BÜNDIG

Der Liesinger Weg verband das Legionslager Vindobona (Wien) mit den Schwefelquellen von Aquae, Baden. Das Hinterland wurde zur Holzbringung genutzt. Die Erschließung des südlichen Wienerwaldes mit Wegen und Siedlungen setzte 1.000 Jahre später, mit der Gründung der Zisterze in Heiligenkreuz, ein.

WEGBESCHREIBUNG

In Sand Helen, wie Sankt Helena westlich von Baden im frühen 16. Jahrhundert geschrieben wurde, tritt die Schwechat aus ihrem Tal in die Ebene des Wiener Beckens hinaus. Auf den Anhöhen im Norden und Süden von St. Helena thronen zwei Burgen, deren Anfänge im 12. Jahrhundert wurzeln: Rauhenstein und Rauheneck. Etwas weiter zurückversetzt lag eine Mautstelle, die der Topograf Franz X. Schweickhardt in den 1830er-Jahren noch erwähnte. Der Urtelstein komplettierte den Eindruck der Talsperre. Bis zur Anlage eines Tunnels im Jahr 1826 überwand ein luftiger Saumpfad dieses Hindernis. Man hört von Gefangenen, die hier in die Tiefe gestoßen wurden, von Kratzspuren der Holzstämme, die man am Felsen einst aufstaute, von getöteten Tempelrittern am Grund des Flusses, von Wassermännern.

    Ich parke beim Hotel Sacher in St. Helena, unmittelbar neben dem Wendeplatz der Buslinie. Strawanze herum. Erkunde die verschiedenen Waldwege. Ich entschließe mich für eine Stärkung im Wirtshaus auf der Hauswiese, ehe der Fitmarsch losgeht.

    Flussaufwärts liegen drei Stege. Der letzte Übergang ist eine mit weißen und gelben Flechten überzogene Holzbrücke. Sie verbindet das »Wegerl im Helenental« mit der Siegenfelder Kreuzung.

    Der Steig zur Aussichtskanzel auf dem Schwarzberg windet sich oberhalb der Straßenkreuzung in westlicher Richtung den

✕ ST HELENA

Liesinger Weg

Blick vom Schwarzberg in das Helenental. Der alte Weg quert den Nordhang des Burgstallbergs (Mitte) und kommt nicht am Beethovenstein vorbei.

Berg hinauf. Der Weg ist mit Wurzeln durchzogen, Trittsteine fehlen. Die steile Passage ist nach einem Regen eine lästige Angelegenheit, bei Schönwetter eine willkommene Abwechslung zu den allzu leichten Wegen im Tal. Die Badener Kletterschule hat hier ihre Übungsfelsen.

SCHWARZBERGAUSSICHT

Der Pfad erreicht einen Waldsattel und führt links hinauf zum Schwarzberggipfel. Treppen erleichtern den Aufstieg auf den letzten Metern. Der Rand des Felsabsturzes gewährt freie Sicht auf die Berggruppen im Süden und Westen des Helenentals: Badner und Sooßer Lindkogel, Kaltenberg und Hoher Lindkogel.

Lindwürmer und Drachen gehören zu den ältesten Sagengestalten. Die eroberten Menschen nördlich der Alpen lernten diese Vogelschlangenwesen kennen, da die römischen Soldaten das entsprechende Kohortenzeichen (»draco«) vorantrugen. Die Christen wählten den Drachen zum Symbol des Teufels. Das Wort Lindwurm wird nur noch wenig verwendet.

Im südlichen Wienerwald glaubte man, dass die verschiedenen Lindkogel-Berge ihren Namen vom Lindwurm herleiten. Und das kam so: Südlich des Helenentals liegt die Burg Merkenstein. Dort hauste in altersgrauer Zeit ein Lindwurm. Viele wackere Burschen, die ausgerückt waren, das Ungeheuer zu töten, kehrten nie mehr zurück. Dann kam Mörk. Der Schafhirt war durch Kämpfe gegen Wölfe abgehärtet. Er verlegte sich zunächst aufs Beobachten. Seine Keule, das wurde ihm schnell klar, würde gegen das Untier nichts ausrichten. Er bemerkte, dass der Tatzelwurm oft vor seiner Höhle in der Sonne döste. Mörk erklomm den Hang oberhalb der Höhle und härtete einen vorne angespitzten Pfahl in einem Feuer aus. Dann weckte er den Drachen mit einem Steinwurf auf. Der Drache fauchte und zischte. Dabei riss er sein Maul weit auf.

Mörk stieß ihm den glühenden Pfahl tief in den Rachen, sodass der Wurm qualvoll verendete.

Ich verlasse den Gipfel und lenke meine Schritte in nordwestlicher Richtung hinab zu einer Waldwegkreuzung. Hier wandelt sich die Farbe der Wegmarkierung von einem tiefen Blau in fürstliches Gelb. Diese Stelle berührt eine Kernzone des Biosphärenparks Wienerwald. Die Linden- und Buchen-Schluchtwälder werden seit 2005 nicht mehr geschlägert.

Rd. 400 m nach der Kreuzung zweigt ein Weg nach rechts in den Nadelwald ab. Bei einem Schranken trifft man auf die ersten Häuser der Siedlung Rosental. Der Ortsname hat nichts mit Rössern gemein, wie auf einem Schild an der Straße nach Siegenfeld zu lesen ist, sondern leitet sich von den wilden Rosen (Hundsrosen) her, die hier auffällig häufig geblüht haben.

× ROSENTAL

Das Rosental wird 1368 urkundlich erwähnt, mehr als 200 Jahre nach der Erstnennung des Hauptortes Siegenfeld, wohin ein Hangweg führt. »Das Feld des Sigo« steht in Zusammenhang mit der Gründung von Heiligenkreuz im Wienerwald 1136 und gehörte zur Ausstattung des Stiftes.

× SIEGENFELD

Der Bühelweg führt hinab zur Siegenfelder Ulrichskirche. Der Kirchenhügel deckt die Gaadner Straße, die an seinem Nordfuß vorbeizieht. An der Einmündung in diese Straße steht eine Entscheidung an, eine der angenehmeren Sorte. Ca. 150 m in westlicher Richtung liegt der Gasthof Skilitz, der Versorgungspunkt unterwegs. Wollen wir?

• Der hl. Ulrich ist der Patron der Wanderer.

Vom »Skilitz« führt ein
• Feldweg nach Norden und Westen zu einer großen Wiese mit Wiedehopf-Vorkommen. Dahinter liegt das Urlauberkreuz (ein Ort des Abschiednehmens).

Die Gaadner Straße führt in östlicher Richtung aus dem Ort. Nach ca. 0,5 km zweigt bei der Haltestelle »Hochweg« rechts ein Karrenweg ab. Dieser Spur folge ich nach Osten über Wiesen und Felder, während der Weg zunehmend nach Süden schwenkt. Im Brandgraben nimmt die Wegmarkierung wieder die vertraute rot-weiß-rote Farbe an.

Nach einer Abzweigung zur Theresienwarte in Baden nimmt das Gefälle zu. Bald ist der Steg über den Purbach erreicht. Der Schwechat-Zufluss mäandriert im Talgrund. Ich überlasse den Bach sich selbst und steige den Gegenhang (gelbes Schild: Siegenfelder Kreuzung) zu einer Geländeschulter des östlich aufragenden Mitterbergs auf. Jenseits der Anhöhe fällt der Waldweg steil zu einer Forststraße ab. In südlicher Richtung steuere ich um eine Kalkfelsenformation herum, erreiche binnen kurzem die Landesstraße.

× PURBACHTAL

Der Rückweg zur Siegenfelder Kreuzung verläuft ca. 150 m entlang der Straße und anschließend auf einem Hangweg. Bei einer Feldbrücke wechselt die Markierungsfarbe erneut, der Rainerweg zur Ruine Rauhenstein ist grün markiert.

Oberhalb der Ruine führt der Pfad nach links in einen Waldgraben hinunter. Am tiefsten Punkt nehme ich den Beethovenweg retour nach St. Helena.

Der Name des Weges erinnert an den Komponisten, der einige Sommer in Baden verbrachte und von 1821 bis 1823 hier seinen Wohnsitz nahm. In Baden suchte er »Unterdrückung der Übel«, die ihn
• plagten.

× ST. HELENA

Liesinger Weg

NIEDERÖSTERREICH UND STEIERMARK

7
Alte Semmeringstraße
von Schützen nach Bruck an der Mur

ÜBER DAS RAUE UND UNEBENE GEBIRGE

Der Saumpfad auf den Semmering wurde ursprünglich nur gelegentlich benutzt. Dies änderte sich 1160. Der damalige steirische Landesherr Otakar III. stiftete das Hospital am Cerwald[1], verbunden mit dem Auftrag, den Feldweg auf dem bewaldeten Übergang zu einer öffentlichen Straße auszubauen. Offenbar hatte der zweite Kreuzzug das Verkehrsaufkommen Richtung Süden so verstärkt, dass eine feste Straßenverbindung dorthin nötig wurde.

Aufstieg: 855 hm • Abstieg: 493 hm
Distanz: rd. 130 km • Dauer: rd. 35 h

HISTORISCHE NAMEN
Strata Karinthianorum[2] · Fleischhauerstraße[3] · Via gigantea · Ungarweg · Heideweg · Alte Semmeringstraße · Alte Reichsstraße · Alte Straße · Landstraße nach Neustadt/Mürzzuschlag · Straße von Prugg · Landstraße von Graz nach Wien · Landstraße nach Kapfenberg · Landstraße von Klagenfurt nach Graz und Wien

5 Fakten

1. Lange war der Semmering ein **»rauch und uneben gebürgg«**[4], das von Wanderern verabscheut wurde.

2. Bewunderer der Schönheiten des Semmering stellten sich erstmals um 1800 ein. Die gebirgige Umgebung der kaiserlichen Residenzstadt Wien wurde **romantisch verklärt.**

3. Vor dem Bau der Semmeringbahn waren an manchen Tagen **bis zu 200 Vorspannpferde** im Einsatz.

4. Um den Adriahandel zu stärken, verhängten die Landesherren im Mittelalter den sogenannten **»Straßenzwang«.** Der Semmering profitierte davon.

5. Freie Kaufleute und Händler empfanden den Straßenzwang über die Semmeringstrecke nach Venedig als **Zumutung.** Manche wichen auf verbotene aber mautfreie Nord-Süd-Straßen aus und umgingen den Semmering, etwa über den Weinweg oder den Hartberg.

HISTORISCHE BEDEUTUNG

Die Semmeringstraße ist eine gewachsene Straße: Auslöser für ihren Bau war der Aufschwung der Stadt Villach. König Heinrich IV. hatte Villach 1060 das Markt-, Münz- und Zollrecht verliehen. Ebenso wichtig waren die Erträge des Silberbergbaus in Friesach. Das erste Teilstück der Semmeringstraße war also die Straße Villach-Friesach.

Die nächste Etappe führte über den Neumarkter Sattel nach Judenburg. In das folgende Wegstück durch das Mürztal mündeten Straßen aus dem Ennstal, aus dem Eisenerzer Raum sowie die Strecke über das Preiner Gscheid nach Kapellen und Mürzzuschlag. Nach der Gründung des Hospitales am Cerwald (Spital am Semmering) verlagerte sich die Handelsstraße vom Gscheid auf den Semmering. Von dort ging es hinab ins neu gegründete Wiener Neustadt und über Sollenau nach Wien.

LOGISTIK DER NEUEN ZEIT

Die Pioniere, die zuerst einen Weg über den Semmering suchten, waren knorrige Kerle. Sie waren aus dem gleichen Holz geschnitzt wie die Mountain Men des wilden Westens. Mit der Eroberung Amerikas setzte der schleichende Niedergang der Alpenübergänge in Europa ein. Einst sehnsüchtig erwartete Venedigerwaren – »allerlei silbern und verguelte Tuech« – waren weniger begehrt als Zucker, Kaffee, Kakao, Tabak und Baumwolle, die über die Atlantikroute aus der neuen Welt in die alte kamen. Erst mit dem Ausbau im Jahr 1728 nahm der Fernverkehr auf der Semmering-Route wieder Fahrt auf.

1 Der Südhang des Semmerings hieß im Mittelalter Cerwald/Zerwald. Erstmals erwähnt wird der Name im Jahr 1141 in einer steirischen Urkunde: »Cerewaldum«, »Cerwalt«, was so viel wie »Waldholz, Baumbestand, von dem Harz gewonnen wird« bedeutet. In Ost-Österreich sagt man Pech, nicht Harz. Die Germanistin und Flurnamen-Expertin Magarete Platt findet diese Ableitung plausibel: »Die Gewinnung von Harz ist in Gebieten mit Föhrenbestand früher sehr verbreitet gewesen. Man verwendete es zum Abdichten von Fässern und Schiffen. Die ›Pecher‹ machten in die Stämme der Föhren v-förmige Einschnitte, befestigten daran ein Gefäß, in dem sich das durch die ›Wunde‹ austretende Harz sammelte.«
2 Die Kärntner Straße wurde 1257 erstmals in einer Urkunde genannt.
3 Ein Viehweg führte im 14. Jahrhundert von Südwestungarn durch die Ödenburger (Wiener Neustädter) Pforte nach Wien.
4 Georg Hanke, Die großen Alpenpässe, Reiseberichte aus neun Jahrhunderten, 1967

Alte Semmeringstraße

Der 20-Schilling-Blick offenbart, weshalb das Rax-Semmering-Gebiet vor dem Bau der Bahnstrecke und der modernen Serpentinenstraße im 19. Jahrhundert als raues Gebirge gefürchtet war.

In Straßen bei Linsberg, zwischen die Wege bei Natschbach, Alte Straße bei Steinhaus. Drei Straßennamen, drei Möglichkeiten: Der erste ist der Name eines landwirtschaftlichen Grundstücks, der zweite bezeichnet eine Weggabelung, ein Wegscheid zwischen der Semmeringstraße und dem Entweg; der dritte erinnert an die unter Karl VI. angelegte Kunststraße über den Semmering.

Folter-Äcker bei Neunkirchen. Was nach einem Ort grausamer mittelalterlicher Wahrheitsfindung klingt, meint womöglich nur ein selbst zufallendes Zauntor, ein Fall-Tor,. Der Feldname findet sich in der Administrativkarte von Niederösterreich.

Postfeld bei Dunkelstein. Der Postverkehr setzte in Österreich im 17. Jahrhundert ein. Unter Kaiser Karl VI. wurde die Zustellung zum Staatsbetrieb, Feldwege wurden zu Post- und Commerzialstraßen ausgebaut.

Ungarfeld bei Neudörfl und **Ungarhof bei Weißenbach.** Ost-Österreich ist seit ältester Zeit ein Durchzugs- und Siedlungsgebiet vieler Völker. »Ungar«-Flurnamen und Hofbezeichnungen sind sehr zahlreich. Das Ungarfeld liegt am »Ungarweg«, eine Straßenbezeichnung, die im Spätmittelalter aufkam. Hier führte aber auch der älteste Teil der Semmeringstraße, eine römische Nebenstraße, die bei Schützen am Gebirge von der Straße nach Wien abzweigte, vorbei.

- Franziszeischer Katasterplan, 1820.

Der alte Saumpfad auf den Semmering folgte dem Bachverlauf von Schottwien nach Greis.

Alte Semmeringstraße

Wandern auf der Semmeringstraße Schottwien–Semmering–Klamm–Schottwien

14,7 km · 5 h · rd. 770 hm im Auf- und Abstieg · mittel

Teilstrecken: Schottwien (569 m) <u>1 H</u> Greis/Bärenwirt (880 m) <u>½ H</u> Semmering-Passhöhe <u>50 MIN</u> Haltestelle Wolfsbergkogel (892 m) <u>1½ H</u> Abstieg zur Adlitzgrabenstraße (Affensteig) (670 m) <u>30 MIN</u> Waldweg durch den Lechnergraben hinter die Pfefferwand (780 m) <u>30 MIN</u> auf der Klammer Straße nach Klamm (705 m) <u>10 MIN</u> Abstieg nach Schottwien (569 m)

Bevorzugte Jahreszeit: Sommer und Herbst

Ausgangspunkt: Schottwien, Gemeindeamt

Talort: Schottwien

Aussichtspunkte: Greis, Semmering-Hochstraße, Doppelreiterwarte, Klamm

Stützpunkt: Berghof, Carolusstraße 1, Semmering-Kurort, T.: +43 (0) 2664 2320

Charakter: Große Runde an der Nordseite des Semmering; gegen Ende der Tour warten mit dem Affensteig, Lechnergraben und der Klammer Straße drei kräftezehrende Steilstücke.

Variante: Vom Hotel Panhans auf den Pinkenkogel, 1.290 m, aufsteigen, der Steig endet hinter dem Hotel / der Tourismusschule bei der Pfarrkirche des Ortes (2 h).

Anreise: A2/Knoten Seebenstein, S6/Maria Schutz Richtung Schottwien

**WEGGESCHICHTE
KURZ UND BÜNDIG**

In verkehrsfreundlichen Serpentinen gelangt man seit 1841 auf den Semmering. Die k. k. italienische Post- und Hauptcommerzialstraße löste damals die 1728 eröffnete Carolusstraße (Alte Straße) ab. Der noch ältere Saumpfad folgte dem Verlauf des Greisbaches.

WEGBESCHREIBUNG

Was ist vorhanden vom alten Semmering, jenem ungeschliffenen Pass? Dem rauen und unebenen Gebirg', das frühneuzeitliche Pilger beschrieben? Die Sperrfestung Klamm liegt in Trümmern. Die Mauern von Schottwien, welche den Durchschlupf zur Passhöhe fest verschlossen hielten, sind lange abgebaut. Reißende Bäche und tiefe Schluchten, von denen frühe Reiseberichte künden: Dank der S6-Brücke passiert man sie seit 1989 mühelos.

Doch der steil aufragende Bergpass ist da. Vor mir! Über mir! Die gleiche Kälte, Enge und Finsternis, welche die ersten Reisenden bedrückte, strahlen die Felswände von Schottwien heute aus. Die »mannigfach beleuchteten Hügel«, die der Romantiker Franz de Paula Gaheis um 1800 beschrieb, liegen beim Aufbruch »in helldunkler Ferne«.

Am Ortsende von Schottwien scheiden sich die Wege. Der ursprüngliche Saumpfad folgt dem Greisbach zum Bärensattel hinauf. Die jüngeren Verkehrswege nehmen einen langen Anlauf über Göstritz und Maria Schutz, ehe sie sich den Berg hinauf schlängeln.

× SCHOTTWIEN

Ich wähle einen Zwischenweg. Mein Pfad führt von der Hauptstraße weg und ich biege rechts ab in die »Tennisplatzsiedlung«. Hier zweigt auch der Marien-Pilgerweg ab, ein Wiesenpfad, dem ich den Hang hinauf bis zur Mündung in die Alte Semmering-

Alte Semmeringstraße

straße folge. Diese überquere ich und gehe auf dem Bründlweg weiter bis zum S6-Zubringer bei Maria Schutz. Hier überquere ich den modernen Verkehrsweg und folge der auf der anderen Seite halbrechts wegführenden Liechtensteinstraße nach Greis. An diesem Punkt kreuzen sich die Wege auf den Semmering mit dem Almsteig und dem Eselsteig, welche zum Sonnwendstein und dem Eselstein führen.

MARIA SCHUTZ

GREIS

Der Name Sonnwendstein ist seit dem 16. Jahrhundert verbürgt, schon 200 Jahre länger kennt man den slawischen Bergnamen Göstritz. Beide meinen einen Scheiterhaufen. Auf dem Gipfel stand eine Signalstation. Der Eselstein ist in einer Stunde zu erreichen, von seiner Felskanzel überblickt man die ganze Passlandschaft.

Auf Höhe der Gastwirtschaft zum Bärenwirt in Greis wechsle ich die Straßenseite und folge einem Waldweg durch den Myrtengraben. Dieser Pfad ist die alte Semmeringstraße. Die Administrativkarte von Niederösterreich nennt die Schlucht »Mörtengraben«. Bis ins 18. Jahrhundert gehörte die Gegend zur Pfarre Klamm und zum Patrozinium des hl. Martin.

Vor dem Ortsbeginn von Semmering kreuzt die alte die neue Straße. Die letzte steile Kehre der alten Semmeringstraße, »Reih'« genannt, endet vor dem Carolus-Denkmal auf der Passhöhe.

PASSHÖHE

Ein Fußweg führt über den Skihang meiner Kindheit, die Österreicherwiese, zur Hochstraße. Gewesene Großhotels säumen diese Promenade. Ich folge der Verlängerung der Hochstraße, die nach dem Tourismuspionier Friedrich Schüler benannt ist. Nächster Halt: die Bahnstation auf dem Wolfsbergkogel.

HALTESTELLE WOLFSBERGKOGEL

Der Wolf war das bei den Bauern und Hirten am meisten gefürchtete Raubtier. Der Abschusslohn war einst doppelt so hoch wie für einen Bären oder einen Luchs. Der Bärensattel erhielt seinen Namen, weil hier eines der seltenen Tiere erlegt wurde.

Nach dem letzten Hof des Kurortes fällt der Weg steil in den Adlitzgraben ab. Der Affensteig ist eine touristische Namens-

ADLITZGRABEN

Die moderne Carolusstraße ist eine Nebenstraße dieses alten Verkehrswegs, dessen Bau von Karl VI. angeordnet wurde.

Die steilen Zu- und Ausstiege des Adlitzgrabens sind die letzte Prüfung auf dieser langen Wanderung.

schöpfung, die Bezeichnung wird der Wegführung gerecht. Alte Reiseschilderungen von Menschen, die nie zuvor einen Berg aus der Nähe gesehen hatten, kommen mir in den Sinn: »grausamer Berg«, »unentwegte Todesangst«.

Zum Glück dauert der Marsch durch den Adlitzgraben nur kurz. Linkerhand mündet der Lechnergraben ein. Ich folge diesem Einschnitt zwischen Weinzettel- und Pfefferwand (gelb markiert) bis zur Abzweigung eines breiten Waldwegs, der mich in wenigen Kehren auf die Nordseite der Steilwand bringt.

Die Burg Klamm rückt ins Blickfeld. Auf einer Straße, die zuletzt steil zum Ort hin ansteigt, erreiche ich einen Rastplatz unter dem Burgfelsen. Die Festung hatte eine strategische Funktion zu erfüllen, sie schützte eine der großen Handelsrouten des Reichs. Das war die Semmering- oder Italienstraße, die von den steirischen Markgrafen und den Habsburgern nach Kräften gefördert wurde – zulasten älterer Wege. Die Wechselstraße, das ist der Hartbergweg, die Straße über den Tattermann, das ist das Preiner Gscheid, und der Weinweg durch das Fröschnitztal gerieten deswegen ab dem späten 12. Jahrhundert ins Hintertreffen. ✕ KLAMM

Ich steige durch die Kirchengasse (rot markiert) nach Schottwien ab. Die Sonne hat dieses Tal mittlerweile bemerkt und mit hellem Licht bestrichen. ✕ SCHOTTWIEN

Alte Semmeringstraße

Wandern auf der Semmeringstraße
Von der Passhöhe auf den Sonnwendstein

10,8 km · 3,5 h · 613 hm im Aufstieg, 599 hm im Abstieg · mittel

Teilstrecken: Semmering-Passhöhe (984 m) 1½ H Enzianhütte 20 MIN Hirschenkogel/Kammweg (ab Florianihütte auf Hochalmweg) 50 MIN Erzkogel (1.480 m) 20 MIN Pollereshütte am Sonnwendstein (1.481 m) 1½ H via Almsteig, Myrtengraben und Carolus-Straße zurück zur Semmering-Passhöhe

Bevorzugte Jahreszeit: Sommer, Herbst und Winter

Ausgangspunkt: Carolus-Denkmal

Talort: Semmering

Aussichtspunkte: Hirschenkogel, Erzkogel, Sonnwendstein

Stützpunkte: Pollereshütte am Sonnwendstein, Göstritz 53, T.: +43 (0)2664/2282; Liechtensteinhaus, Am Hirschenkogel 1, Semmering, T.: +43 (0) 2664 8038; Enzianhütte, Sonnwendsteinstraße 2, Semmering, +43 (0) 2664/2383

Charakter: Klassische Bergwanderung in Ostösterreich mit zwei Gipfeln, der eine kratzt am unteren Rand der alpinen Stufe, der andere ragt in sie hinein; auf dem Weg zum Erzkogel bietet sich ein Panorama der Rax-Schneeberg-Gruppe.

Variante: Am Hirschenkogel nicht den hinteren Kammweg wählen, sondern auf dem vorderen Hochalmsteig zum Dürrriegel (1.434 m) aufsteigen; große Runde: Vom Sonnwendstein auf dem Gebirgsjägersteig nach Maria Schutz, von dort auf dem 01A über Greis zurück auf den Semmering (2 h).

Anreise: A2/Knoten Seebenstein, S6/Maria Schutz zur Semmering-Passhöhe (L4168); Semmeringbahn, Station Semmering

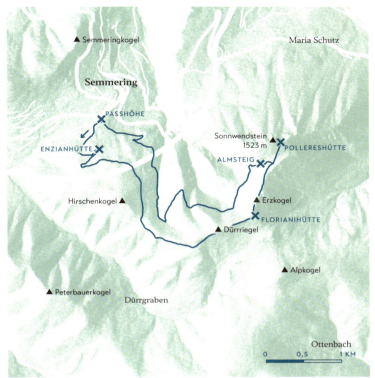

WEGGESCHICHTE KURZ UND BÜNDIG

Zur Eröffnung der später sogenannten »Alten Straße« auf den Semmering wurde 1728 ein »Grenz-Monument« zu Ehren von Kaiser Karl VI. errichtet; nach den Plänen von Joseph Emanuel Fischer von Erlach dem Jüngeren. Mit dem Commerzialstraßen-Status verlor der Semmering seinen Ruf als Todespass, ein »ohne Zahl reicher Ochsen-Vorspann unwandelbarer, ja bey übelem Wetter gar impracticabel gewester Berg« (Wienerisches Diarium, 30. Juni 1728).

WEGBESCHREIBUNG

Idyllisch, malerisch, naturbelassen – das Gefühl, das ein Berg, ein See, ein lichtes Tal, ein Urwald in uns weckt, lässt uns nach Worten suchen. Dass wir die Landschaft beachten, ist auch ein Zeichen der Sorgenfreiheit.

Bis in die mittlere Neuzeit notierten Reisende nur, was sie über Bodenschätze, Kulturpflanzen, Sitten und Gebräuche in Erfahrung brachten. Bergromantik war ein Fremdwort. Die weiße Haube des Schneebergs war den Römern natürliche Grenze zwischen den Provinzen Noricum und Pannonien, aber kein Ziel für Bergtouren. Nach wochenlangem Marsch von Wien nach Rom massierten Pilger ihre Füße und warfen sich auf die Knie. Der steirische Minnesänger Ulrich von Liechtenstein meinte, dass er »froh« über den Semmering zog. Aus dem Ritter sprach die Vorfreude auf künftige Tjoste fern der Passhöhe, in Wiener Neustadt und Wien. Die Landschaft war Strapaz, Zumutung.

Auf den Bergen wohnten die Wettergötter, so auch auf dem Schneeberg. In der Höhe lauerten Naturgefahren; der Name Lahngraben – ein Lawinenhang – kommt in Niederösterreich sieben Mal vor.

Erst die Kavalierstouren des 17. und 18. Jahrhunderts weckten die Reiselust in den Europäern. Junge Adelige reisten nach Italien, um ihren Horizont zu erweitern. Das war neu. Der Prediger

Alte Semmeringstraße

Abraham a Sancta Clara ätzte 1709: »Viel pflegen/durch unnötiges Reißen/Ihr große Narrheit schön zu weißen/weil sie nichts in der Fremde richten/als dort ihr Büttlein zu verrichten/und zeigen, dass in unsern Landen/auch Wanders Narren seyn verhanden.«

PASSHÖHE Der Aufbruch von der Semmering-Passhöhe auf den Sonnwendstein löst in mir eine Freude aus, die ich nur unbeholfen erklären kann. Es ist ein Versprechen von unbeschwerten Stunden, von Einfachheit.

ENZIANHÜTTE Der Aufstieg vom Carolus-Denkmal zur Enzianhütte ist frei zu wählen, dann teilt sich die Strecke in eine für Mountainbiker und eine zum Wandern.

HIRSCHENKOGEL Auf dem Hirschenkogel endet die breite Fahrstraße. Rechts kommt man zum Liechtensteinhaus, der Bergstation des Sessellifts. Nach Osten hin entfernen sich der vordere und der hintere Wanderweg zur Pollereshütte.

DÜRRRIEGEL, ERZKOGEL, SONNWENDSTEIN Dürrriegel, Erzkogel, Sonnwendstein – baumloses Almland. Der Berg war einst eine Weide. Milchkühe, Ochsen und Vorspannpferde schöpften hier Kraft.

Die Mauteinnahmen und die Passstraße sorgten für Wohlstand in Schottwien. Gleichwohl blieb die menschliche Existenz prekär. Holzfäller, Hirten, Säumer und Zaunbauer waren sich selbst überlassen und allein mit ihren Gedanken. Die Habergeiß, eine Sagen- und Spukgestalt, halb Vogel halb Ziege, spukt am Semmering und Wechsel und regte die Fantasie der Menschen an.

Wer verdenkt es den Einsamen, dass sie sich Schabernack ausdachten? Sie schlugen an Holztüren und rüttelten an Lohhütten

Blick vom baumfreien Dürrriegel nach Westen zum steirischen Erzkogel.

Abstieg vom niederösterreichischen Erzkogel zum Sattel unter dem Sonnwendstein.

(Holzknechthütten). Sie meckerten wie Ziegen und brummten wie Bären. Sie jagten ihren Mitmenschen eine Heidenangst ein, um die eigene Furcht zu besiegen.

Die breite Einsattelung zwischen Erzkogel und Sonnwendstein ist ein geschützter Ort, mit Hütten und Wegen.

Ich nehme den Almsteig nach unten. Bei erster Gelegenheit steige ich aus der jäh ins Tal stürzenden Wegspur aus. Der Forstweg nach links sieht einladend aus!

× ALMSTEIG

Auf diese Hangquerung würde ich mich jederzeit wieder einlassen: fast ebene Wege, Rax und Schneeberg in Panoramaformat. Ein Hangweg, so bequem, dass ihn die Kaffeehausliteraten, die auf dem Semmering ihre Hirne auslüfteten, geschätzt hätten.

Nicht empfehlenswert ist der Abstieg durch den Myrtengraben, wenn die Knie noch vom Almsteig schmerzen. Etwa in der Hälfte der Rinne zweigt links ein Schotterweg ab. Ich überquere den Autobahntunnel und habe es gleich geschafft.

• Leidensgenossen rate ich das Weitergehen auf dem Hangweg und den bequemeren Abstieg zur Enzianzütte.

Auf dem letzten Kilometer vor Erreichen der Passhöhe gibt es einen Abschneider zum Sporthotel auf dem Semmering. Das Baujahr 1912 sieht man dem Haus nicht an. Vom Parkplatz des Hotels führt rechts ein Waldweg nach Maria Schutz, links gelangen sie auf der Carolusstraße zur Passhöhe.

× PASSHÖHE

Alte Semmeringstraße

NIEDERÖSTERREICH

8
Entweg-Straße

von Neunkirchen nach Hochegg

DAMALS IM HOCHLAND

Entwege gibt es nur im Raum Neunkirchen. Zum ersten Mal notiert wurde der Name um 1140. Die Propstei Gloggnitz vermerkte damals eine Besitzgrenze. Den Grenzverlauf markierten ein alter Birnbaum, der Kroisbach (bei Wörth) und ein »Riesenweg« (Via gigantea), ergänzt durch die Bezeichnung »Aentiskenwek« (Altstraße).

Aufstieg: 548 hm • Abstieg: 499 hm
Distanz: rd. 23 km • Dauer: rd. 8,5 h

HISTORISCHE NAMEN
Riesenweg • Via gigantea • A(e)ntiskenwek • Entweg
Zehentweg • Hochstraße

5 Fakten

1. Die Entweg-Straße ist ein Abschnitt eines Fernweges, der an der Wien-Furt beginnt, entlang des Alpenostrandes nach Süden zieht und zwischen Baden und Neunkirchen **Blätterstraße** heißt.

2. Südlich von Neunkirchen, bei Straßhof, führt die Straße am **Weberkreuz** vorbei, wo sich der Sage nach ein Weber und ein Fleischhacker wegen einer Frau gegenseitig erschlugen.

3. Die Straße durchschneidet ein Gebiet, das von einem System an Hangwegen durchzogen ist, den eigentlichen Entwegen. Es handelt sich hierbei nicht um Land-, sondern um **Wasserwege.**

4. Die Entwege sind am ehesten mit den **Waalen** im Vinschgau in Südtirol und Nordtirol zu vergleichen.

5. Die verlandeten Rinnen an den Berghängen von Kulmberg, Kulmriegel und Hollabrunner Riegel fallen auf, weil sie **keine Forststraßen** sind. Diese Wege führen nirgendwo hin, sie haben kein Ende.

HISTORISCHE BEDEUTUNG

Am Rand des Steinfelds hat sich der Name Blätterstraße für einen Altstraßenzug erhalten, der Baden mit Neunkirchen verbindet. Wir haben den nördlichen Abschnitt des alten Fernwegs Wien-Italien vor uns, der im 12. Jahrhundert in die östliche Ebene verlegt wurde (Venediger oder Triester Straße). Die Verlängerung dieses Weges nach Süden führt über Wartmannstetten, Straßhof und Gramatl ins Haßbachtal und leitet von dort auf den Hollabrunner Riegel. Auf ihrem Weg kreuzt diese Altstraße mehrmals eine Wasserkanalanlage, eine »via aqualis«. Wenn die Forschung von Entwegen spricht, meint sie diese Waale. Sie wurden zur Bewässerung und zum Holztransport sowie für den Bergbau genutzt. Die Rinnen sind verschüttet, daher hielt man sie früher für Landwege.

DER MENSCH STECKT ÜBERALL IN DER LANDSCHAFT

Oben auf dem Kamm bewegt sich nichts. Ich bin den halben Tag gewandert und habe niemanden gesehen. Einmal in einem Hohlweg hat ein Rascheln im Eichenlaub waldbodenbewohnende Vögel verraten. Aber hier oben – keine Bewegung, kein Motorengeräusch, keine Stimmen, nichts. Der Mensch könnte unendlich weit entfernt sein. Und doch komme ich mit Beweisen seiner Anwesenheit in Berührung.

An der Entweg-Straße, am Zusammenfluss zweier Bäche, liegt die Ruine **Grabensee.** Der Name bedeutet grüner See. Hier stand im Mittelalter ein Hausberg, eine kleine Burg. Sie deckte nicht nur die Straße, sondern auch einen Bewässerungskanal. Reste einer Staumauer sind bis heute unterhalb der Burgruine zu sehen. Grabensee war der Sitz eines Dienstmannes der Haßbacher, eines bedeutenden Adelsgeschlechts im 13. Jahrhundert.

Auf dem Weg von Gramatl ins Haßbachtal kommt man an **Margaretenhof** vorbei. Im 19. Jahrhundert ereignete sich der Überlieferung nach auf diesem damals Wechselhof genannten Hof ein Frauenmord. Die Bäuerin soll erdrosselt und ihre Leiche in den Brunnen geworfen worden sein. Der Hof wurde schon 1499 urkundlich erwähnt und war ursprünglich der Sitz eines Ritters.

Auf der bewaldeten Hochfläche westlich von Pitten findet man **Karth** als Geländename. Kart ist ein Wort aus dem bayerischen Bergrecht, das im 18. Jahrhundert so beschrieben wurde: »Nach den alten Bergrechten kann man 3 bau [Anm.: von Bergleuten geschaffene Räume], so zusammengehören und durchgeschlagen sind, in einer kart inhaben und andere nicht.«

- Die Entwege sind ebene Trassen, die auf 50 km Länge einer Höhenschichtlinie folgen. Man unterscheidet drei derartige Wege: den St. Johanner, den Schwarzataler und den Pittentaler Entweg.

- Ich trenne die Begriffe nicht scharf: Der Landweg ist bei mir die Entweg-Straße, die Entwege sind die Begleit- und Servicewege der Waale.

- Johann Georg von Lori, Sammlung des baierischen Bergrechts: mit einer Einleitung in die baierische Bergrechtsgeschichte, 1764.

Entweg-Straße

Wandern an der Entweg-Straße
Von St. Johann auf den Gösing

8 km · 2,5 h · 408 hm im Aufstieg, 501 hm im Abstieg · leicht

Teilstrecken: Pfarrkirche von St. Johann am Steinfelde (420 m), via Schulweg und Leuchtentalweg nach Norden Richtung Hintenburg **50 MIN** auf dem Hühnersteig zum Schönbühel (694 m) **½ H** Gösing-Gipfel (898 m) **1¼ H** Pfarrkirche St. Johann am Steinfelde (420 m)

Bevorzugte Jahreszeit: Frühling bis Herbst

Ausgangspunkt: Schulweg (Schrägparkplätze)

Talort: St. Johann am Steinfelde

Aussichtspunkte: Wiese bei Hintenburg, Schönbühel, Flatzer Wand

Stützpunkte: SigaSiga, Puchbergerstraße 18, St. Johann am Steinfelde, T.: +43 (0)2630 33 782; Neunkirchnerhaus auf der Flatzer Wand, T.: +43 (0)2630 37367

Charakter: Eine gemütliche Halbtagswanderung im Süden der Gutensteiner Alpen; für alpines Flair sorgt ein Steilstück im Mittelteil der Tour.

Variante: Nach dem Quergang beim Schönbühel nicht links zum Gösing abzweigen, sondern zum Neunkirchner Haus (758 m, plus 1 h) marschieren und erst dort zum Gipfel aufsteigen.

Anreise: A2/Knoten Seebenstein, S6/Neunkirchen, auf B17 und B26 Richtung St. Johann

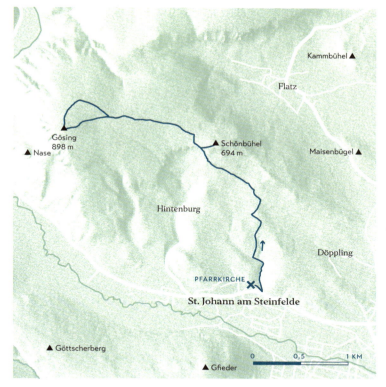

WEGGESCHICHTE
KURZ UND BÜNDIG

Neunkirchen ist ein Altstraßen-Kreuz. Hier trifft die aus dem Norden kommende Blätterstraße auf die Semmeringstraße. Von hier zieht die Entweg-Straße nach Süden weiter und die Venediger Straße nach Westen.

WEGBESCHREIBUNG

Der Gösing erhebt sich aus der Ebene des Steinfelds wie ein Grenzstein aus dem Acker. Aus der östlichen Tiefebene kommend ist der Übergang eindeutig. Cetius Mons wurde das Grenzgebirge in römischer Zeit genannt. Pannonien lief aus, die Wege stiegen nach Norikum an. Der Name »Gösing« hat slawische Wurzeln. Ursprünglich bedeutete er in etwa »Berg, auf dem Ziegen gehalten werden oder vorkommen«.

Bergziegen-adäquat ist der Mittelteil der Tour, genannt »Hühnersteig«. Unter der Aussichtskanzel des Schönbühels quert der Pfad einen felsigen Hang. Diese Stelle ruft mir in Erinnerung, dass der Gösing Teil der Kalkalpen ist, und kein Kurpark. Diesen Eindruck von Milde vermittelt nämlich der Einstieg in die Tour: Eine Waldschlucht führt von der Johanneskirche nach Hintenburg: Mit Nadelstreu gefederte Wege führen an den Rand einer großen Wiese. Ein Netz an Erdwegen verbindet diesen Platz mit dem Gösing. Der Normalweg auf den Gipfel ist, mit Ausnahme des Hühnersteigs, lieb zu den Knien. Oberhalb dieser Passage kommt man zu einer Weggabelung. Geradeaus: zum Neunkirchner Haus. Links geht es stetig ansteigend den bewaldeten Gipfelzug entlang bis zum höchsten Punkt.

Den Gösing zum Geheimtipp zu erklären verbietet sich, zu viele Seiten des Gipfelbuchs werden Jahr für Jahr beschrieben.

× JOHANNESKIRCHE

GÖSING

Das Sierningtal führt von Puchberg am Schneeberg über Stixenstein und Sieding nach St. Johann am Steinfelde. Das Gebiet gehört seit dem Mittelalter zusammen. Zunächst war es im Besitz der Grafen von Pitten, dann wurde es steirisch und schließlich österreichisch.

SCHÖNBÜHEL

Der Ursprung der zahlreichen Hexensagen im deutschen Sprachraum ist in den Hexenprozessen des Spätmittelalters und den Geständnissen, die unter Androhung oder Ausübung der Folter zustande kamen, zu suchen.

Dennoch war die Höhe lange ein weißer Fleck zumindest in meiner Gipfelsammlung.

Über die Hohlräume in der Westflanke des Gösing erzählt man sich unheimliche Geschichten. Grafen fuhren mitsamt ihrer Kutsche den Berg hinauf und verschwanden in einer der Höhlen. Bauern suchten in den Grotten Zuflucht vor Eroberern, verrieten sich durch Feuerschein und wurden in ihren Verstecken erschlagen. Kein Wunder, wenn die Klüfte der zur Sierning abfallenden Westseite des Berges einen festen Platz in den Sagen der Gegend haben. Fest verwurzelt mit dem Sierning- und Schwarzatal sind auch die Geschichten von den feurigen Männern, die in Flammen standen, weil sie wegen ihrer Missetaten im Fegefeuer schmachteten. Ihr Frevel bestand im Verrücken einer Grenze. Grenzen waren eine heilige, ernste Sache. Damit zusammen hing die Vorstellung, dass jemand, der Grenzmarkierungen ausgrub und irrtümlich versetzte, Land des Nachbarn abpflügte oder die Gemarkung falsch beschwor, verflucht war. Derjenige musste nach seinem Tod umgehen und fand keine Ruhe, ehe nicht erlösende Worte gesprochen wurden.

Verbürgt ist, dass Grenzfrevel hart bestraft wurde.

Die folgende Erzählung stammt aus Liesling bei Pöttschach.

Eines Nachts sah man einen feurigen Mann umherirren. Auf seinen Schultern trug er ein riesiges Rasenstück, welches ihm vorne und hinten herabhing. Mit keuchender Stimme rief er: »Wo soll ich es denn hintun?« – »Tu es dorthin, woher du es hast«, rief ihm ein zufällig vorbeikommender Wanderer zu. Durch diese erlösende Antwort verschwand der Spuk.

Ein verwandtes Motiv ist das »Aufsitzen«. Ein feuriger Mann wird auf einem Wagen mitgenommen. Dieser wird mit der Zeit so schwer, dass die meisten Wagenlenker fluchen und mit der Peitsche knallten. Erlösung finden die Verdammten, wenn sie an einen Führer mit Engelsgeduld geraten.

Wenn Sie ihn beim Aufstieg ausgelassen haben, dann holen sie den kurzen Abstecher zum Schönbühel-Gipfel am Rückweg nach. Vom Schönbühel genießen Sie einen freien Blick auf den Hausberg von Ternitz, den oder das Gfieder (609 m). Auf diesem Bergsporn thront eine Aussichtswarte. Der Gfieder ist ein Berg der Hexen, die Menschen mühelos in die Höhe wuchten. Wundern Sie sich also nicht, wenn Sie nicht wissen, wie Sie auf seine Spitze gelangt sind!

Nur an wenigen Stellen steht der Fels so hoch an, dass der Gösing baumfrei bleibt und den Blick ins Schneebergland freigibt.

Wandern an der Entweg-Straße
Ödenkirchner Weg

10,4 km · 3 h · 410 hm im Aufstieg, 416 hm im Abstieg · leicht

Teilstrecken: Haßbach-Kirche (510 m) – Burgweg ¼ H Bildesche bei Berg (Abzweigung nach Schloss Steyersberg) (658 m) ½ H Kogelhof (758 m) 10 MIN Ödenkirchen (862 m) ½ H Urbankapelle (855 m) – Reisach 20 MIN Hosendorf (775 m) ¼ H Türkenkreuz (746 m) 25 MIN Molfritz (612 m) ½ H Haßbach-Kirche (510 m)

Bevorzugte Jahreszeit: Sommer bis Herbst

Ausgangspunkt: Haßbach, Kirche

Talort: Haßbach

Aussichtspunkte: Steyersberg, Kogelhof, Schaffernak, Reisach, Hosendorf, Molfritz

Stützpunkte: Landgasthof zum Fally, Ödenkirchenstraße 7, Kirchberg/Wechsel, T.: +43 (0)2629/ 7205; Jausenwirt und Fleischerei Peter Maier, Dorfstraße 16, Haßbach, T.: +43 (0) 2629/7257

Charakter: Steile Wald- und Wiesenpfade führen über den Hohenberg auf den dicht bewaldeten Höhenrücken bei Ödenkirchen. Der Weg bietet ein großes Panorama. In einem Graben bei Molfritz hat sich ein Teil des alten Entweges erhalten.

Variante: Gipfelsammler marschieren von der Urbankapelle auf der Ödenkirchenstraße nach Osten bis zum Grubhof und besteigen den Hollabrunner Riegel, mit 922 m (plus 1 h tour-retour).

Anreise: A2/Knoten Seebenstein, B54 nach Warth, nach dem Gemeindeamt rechts in die Landesstraße L 143 Richtung Haßbach abbiegen; Bhf. Scheiblingkirchen-Warth, Linie 386 (Haßbach-Kirchau-Warth-Scheiblingkirchen)

WEGGESCHICHTE
KURZ UND BÜNDIG

Der südlichste Abschnitt des Entweges führt von Haßbach über Molfritz zum Wegkreuz bei der Urbankapelle. Verbindungsstraßen reichen von hier nach Osten bis gegen Rams, wo der alte Weinweg gestreift wird, nach Süden ins Feistritztal und nach Osten, wo der Entweg bei Olbersdorf in die Wechselstraße mündet. Geschützt wurde diese Talschaft von der Burg Steyersberg, »Burg der Pfade, Steige«, die 1266 in der Schreibweise »apud Stigesperg« erstmals Erwähnung fand.

WEGBESCHREIBUNG

Das Erntedankfest Ende September ist in Haßbach keine Kleinigkeit. Alles, was auf den Feldern und in den Gärten der Bauern wächst und gedeiht, ist in der Kirche aufgestellt: Brot, Kukuruz, Wein und Most, Äpfel und Birnen. Erzeugnisse, deren Menge und Güte davon abhängen, wie lange die Sonne scheint, wann es regnet und ob die Natur alles im richtigen Maß zur Verfügung stellt.

⨯ HASSBACH

Burschen tragen eine geflochtene Erntekrone über die Dorfstraße. Die Prozession zieht ins Tal hinein. Ich Banause esse eine Banane aus dem Supermarkt und entferne mich in Richtung Berg.

Der Patron der Haßbacher Kirche, der hl. Martin, stammte aus Szombathely, stationiert war er zunächst in Pavia. Zu seiner Kaserne gelangte er auf der Bernsteinstraße und der Via Postumia. Sein asketischer Lebenswandel war ausschlaggebend für die Heiligsprechung. Der Martinskult wurde von den fränkischen Königen gepflegt.

Fad? Ich meine: nein. Martins »cappa«, sein Mantel, lieh dem Gebetsraum des Königs, der Kapelle, den Namen. Es war der Ort, an dem die Reliquie aufbewahrt wurde.

Der Waldsteig führt den Steyersberg schnörkellos hinauf Richtung Süden (blaue und rote Markierungen). Aus einer Senke am Fuß des Hohenbergs gelangt man zum Koglhof. Nach einer weiteren Waldpassage erklimmt der Pfad den Bergkamm beim

⨯ KOGLHOF

Entweg-Straße

Zwischen Molfritz und Hosendorf ist ein Rest des alten Saumpfades erhalten.

ÖDENKIRCHEN ✕ Ödenkirchen Feld. Hier stand einst eine dem hl. Andreas geweihte Weg-Kapelle, Schutzpatron der Bergleute. Im Gasthaus Fally, einst »zur öden Kirch'n« genannt, ist ein Teil der Außenmauer der Kapelle verbaut.

Der spätberufene Martinus ist nicht der einzige Heilige, der

Notburga wird um Schutz vor Viehkrankheiten angerufen.

kein Märtyrer war. Die hl. Notburga wurde wegen ihrer moralischen Überlegenheit in den Stand einer Heiligen erhoben. Ein Marterl bei Schaffernak erinnert an die mildtätige Tirolerin, die 1.000 Jahre nach Martin lebte. Sie war ein »Vorbild an Treue und Pflichterfüllung«, sagt die Inschrift. Die Botschaft: Eifert ihr nach!

SCHAFFERNAK ✕ Schaffernak – welch ein Name für einen Ort im Wald! In der Josephinischen Landkarte aus dem 18. Jahrhundert steht an gleicher

Der Schabernack stammt vom mittelhochdeutschen Wort schavernac oder schabernac ab: rauhhaariger, grober, den Nacken reibender Winterhut; höhnender, neckender Streich.

Stelle der Eintrag »Schabernak«.

Die Ödenkirchenstraße gabelt sich östlich von Schaffernak, ich wähle den rechten Wegast. Der Güterweg Weißenböck führt um einen Geländevorsprung herum. Auf dem Hang oberhalb des Bauernhofs steht eine Reihe Edelkastanien. Die Marone ist so weit nördlich selten und nicht heimisch.

Ein Waldsteig zweigt links vom Güterweg ab und führt hinauf

URBANKAPELLE ✕ zur Urbankapelle, einem Anbetungsort mit Walmdach aus dem 19. Jahrhundert. Die Stelle ist ein altes Wegkreuz. Von hier sind alle Altstraßen im südöstlichen Niederösterreich zu erreichen: Der Hartbergweg stößt an den östlichen Hangfuß, der Weinweg ist 1,5 h Fußmarsch entfernt, dem Saumpfad über den Hochwechsel nähert man sich durch das im Süden liegende Feistritztal.

Ich folge dem Güterweg Molfritz-Urbankapelle nach Norden (grüne und blaue Markierungen). Der Weg verläuft in Kehren tal-

HOSENDORF ✕ wärts nach Reisach und Hosendorf. Nach dem letzten Hauszaun führt die Straße auf einen Geländevorsprung hinaus (Aussichtsbank unter einer Birke). Hier zweigt der Wanderweg links in den Wald ab.

Der Hohlweg endet nach ca. 0,5 km beim Türkenkreuz. Ich steige in direkter Linie durch den Wald nach Molfritz ab. Der Puls des Straßenforschers beschleunigt sich. In einem Graben neben dem Waldweg, der von Hexenkraut und Hohlzahn überwuchert ist, zieht ein Rest des alten Entweg-Saumpfades dahin (ent = alt), der hier Hochstraße genannt wird.

Zunächst halte ich den Hohlweg für ein Bachbett, welches den Haßbach speist. Doch ein Blick auf die Karten, alt und neu, beweist: Die infrage kommenden Gewässer führen westlich und östlich an Molfritz vorbei.

Einige Abschnitte des Weges werden zum Holzführen genutzt. An manchen Stellen ist der Wegverlauf mit Dämmen unterbrochen. Wegen dieser Kunstbauten kam mir zuerst ein Bachlauf in den Sinn.

In Molfritz endet der Grabenweg. Eine Asphaltstraße führt zurück ins Tal und zum Ausgangspunkt der Tour. In der Ortsmitte stehen zwei Infotafeln. Die eine zeigt eine Karte mit Wanderwegen, die andere erklärt den Zusammenhang zwischen Obstbaumalleen und Artenreichtum. Nur der Habicht, der dem Ort Haßbach seinen Namen verlieh, kommt hier nicht mehr vor.

× MOLFRITZ

× HASSBACH
- Die frühen Siedler nannten ihr Dorf nach dem »Bach, an dem der Habicht haust«, de Havspach (1218).

Apfelbaum-Allee an der Bergstraße von Molfritz nach Haßbach.

Entweg-Straße

NIEDERÖSTERREICH UND STEIERMARK

9
Weinweg

von Neunkirchen nach Rettenegg

HINAUF UND HINAUS

Der Name Weinweg taucht im 16. Jahrhundert in Urkunden auf. Damals erreichte der Weinhandel seinen Höhepunkt. Lokalen Weinbau gab es damals beispielsweise in Payerbach und Reichenau (1582) sowie in Pettenbach (1648).

Aufstieg: 1.317 hm • Abstieg: 836 hm
Distanz: rd. 40 km • Dauer: rd. 16 h

HISTORISCHE NAMEN
Eisenweg • auf den Wein Weeg • der alte Weinweg
Weinweg Alpe

5 Fakten

1. Der **Weinweg** führt von Neunkirchen nach Süden, am Fuß der alten Festung Kranichberg vorbei und entschwindet in den Gefilden des Otters und der Fischbacher Alpen.

2. Wein war im Spätmittelalter ein bedeutendes **Handelsgut**, Wein-Handelswege finden sich beispielsweise im Schwarzwald in Deutschland, im Puchberger Tal und im Weinsberger Wald in Niederösterreich.

3. Die Altstraße von **Raach am Hochgebirge** über Schlagl zur Passkapelle (Schanzkapelle) ist im Gelände ersichtlich.

4. Der Weinweg verläuft zwischen dem Alpkogel und dem Harterkogel entlang der niederösterreichisch-steirischen **Landesgrenze.**

5. Der Weinweg berührt seit dem Mittelalter bestehende **Bergbaugebiete.**

HISTORISCHE BEDEUTUNG

Alte Wege sind geschwungene Linien im Gelände, sie eignen sich nicht nur zum Befahren, sondern auch zum Ziehen von Grenzen. Daher wissen wir von ihnen. Das Gewohnheitsrecht der Herrschaft Klamm aus dem Jahr 1540 hält die Ausdehnung des Jagdrechts fest: »… am Weinweg auf die Fröschnitz, von der Fröschnitz hin ubern Grossenperg und auf die schmelzhütten und aufs Stainhauß aushin …«

Die Weine, die an den Gehängen des Schwarzatals angebaut und gekeltert wurden, wurden vor 1160 nicht über den Semmering verlegt. Der Saumpfad war für die Weinwagen unpassierbar. Sie nahmen ihren Weg über das Raxental oder sie bogen am Fröschnitzsattel vom Weinweg ab und rollten durch das Fröschnitztal nach Steinhaus und Mürzzuschlag. Die Fröschnitztaler Bauern stellten Pferde für den Vorspann der Fuhrwerke.

Das wirtschaftliche Gewicht des Weinwegs wurde durch die Nachbarschaft der Hartbergstraße und der Venediger Straße geschmälert. Eine Mautstelle am Weinweg ist erst für das 15. Jahrhundert überliefert. Sie befand sich bei Kranichberg, wo im 19. Jahrhundert Bier gebraut wurde. Die bedeutendste Erhebung auf dem Weinweg ist der Große Otter (1358 m).

AUF DEM OTTER

Das Plateau ist der wahre Gipfel des Otters. Meine Tochter rollt die krautigen Hänge hinab, zieht den Gräsern die Blütenstände über den Kopf und schreit: Hahn oder Henne? Ich suche zwischen Fichten und Felsen die Bergspitzen – Großer Otter, Mitterotter, Kleiner Otter und Schwarzenberg. Dieser Berg wird uns nie langweilig. Der Weinweg liegt uns zu Füßen, ich zeichne ihn mit dem Finger in der Luft nach.

Scheunen gehörten früher zum Landschaftsbild. Ein exzeptionelles Exemplar stand an der Weinstraße und wurde 1330 sogar urkundlich genannt: Schonstadel. Mit diesem Ort ist eine Sage verbunden. Zwei Bauern, die in der Nacht vom Ochsenmarkt zu ihren Höfen in **Schönstadl** zurückkehrten, verloren einander auf der Weinstraße aus den Augen. Daran mussten Hexen schuld sein! Wie sonst wären sie so weit voneinander entfernt gewesen. Die Quelle solcher Erzählungen ist in den Hexenprozessen zu suchen.

Raach ist ein Ortsname, der in Niederösterreich und in der Steiermark je einmal vorkommt. Beide Orte liegen an einem Berghang. Hier finden wir auch die Bedeutung des Wortes, das auf das mittelhochdeutsche »rähe« »starr, aufragend« zurückgeht.

Fröschnitz ist ein Fall für Botaniker. In diesem Gewässernamen steckt das slowenische Wort für Färberröte »broč«.

Der Zielort **Rettenegg** wurde 1359 erstmals genannt, und zwar in der Form »Ynner Raten«. Rettenegg war der nordöstliche Teil des Rodungsgebietes (Ratten) im Feistritztal. Die Weinstraße zog von hier über den Masenberg und Hohenwarth weiter nach Hartberg.

- Gemeint ist der Peterbauer-Kogel.
- Gerald Fuchs, Geschichte und Archäologie der Neuzeit am Semmering, 2017.

- Fritz Lochner von Hüttenbach, Steirische Ortsnamen, 2008.

Wandern am Weinweg
Raach-Ramssattel-Raach

6,8 km · 2 h · rd. 120 hm im Auf- und Abstieg · leicht

Teilstrecken: Raach am Hochgebirge (813 m) 20 MIN Wegkapelle (805 m) 20 MIN Dobler-Hof (776 m) ½ H Rams-Sattel (859 m) – Kamm (887 m) 50 MIN Raach am Hochgebirge (813 m)

Bevorzugte Jahreszeit: ganzjährig

Ausgangspunkt: Diwaldwirt in Raach am Hochgebirge

Talort: Gloggnitz

Aussichtspunkte: Raach (Kirche zum hl. Ägydius), Dobler, Ramssattel, Kapelle bei Egg

Stützpunkte: Diewald-Wirt, Raach 38, Gloggnitz, T.: 43 2662 43905; Ramswirt, Rams 40, Kirchberg am Wechsel, T.: +43 (0)2641 / 6949

Charakter: Dieser Rundweg, auf Asphalt und Waldboden, ist ein Geheimtipp im Winter. Die Wiener Hausberge Rax, Schneeberg und Wechsel bilden eine spektakuläre Kulisse. Die flimmernden Wiesen, die Rodelspuren auf den Straßen – solche Winterbilder kennt man viel mehr aus Westösterreich.

Variante: Größere Runde über den Raachberg und Wartenstein (3 bis 4 h)

Anreise: A2 Richtung Graz bis Knoten Seebenstein, S6 Ausfahrt Gloggnitz, B27 bis Raach am Hochgebirge

Der **hl. Ägydius,** Schutzpatron der Hirten, ist häufig an Altstraßen anzutreffen.

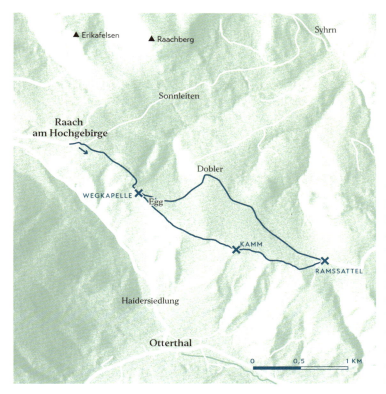

**WEGGESCHICHTE
KURZ UND BÜNDIG**

Der Weg nach Süden war frei, wenn man auf dem Weinweg fuhr. Diese Freiheit hatte Vor- und Nachteile: Den Mautstellen in Schottwien, im Pittental oder auf dem Wechsel konnte man zwar ausweichen. Hospize wie in Spital am Semmering oder Spital am Hartberg lagen aber auch nicht am Weg.

WEGBESCHREIBUNG

Ich habe mir die Raacher Bergwelt bedrohlicher ausgemalt. Otter, Wechsel und Sonnwendstein bilden einen tief verschneiten Halbkreis aus Bergen um den Ort. Andere Winterwanderer holen jetzt ihren Flachmann heraus und nehmen einen Schluck Whisky gegen die Kälte, ich ziehe die Luft durch meine Nase ein, schließe die Augen und gehe die ersten paar Meter in den Ort voraus.

⨯ RAACH

Nach dem Seminarzentrum wandere ich rechts in den Wald hinauf. Auf der schmalen Asphaltstraße passiere ich bald den Waldfriedhof, der in den Sagen des Wechsellandes eine kleine Rolle spielt. Von hier bricht nämlich die Tochter eines Almbauern zum heimatlichen Hof auf, verirrt sich aber auf der Höhe des Kampsteins, weil sie versehentlich auf eine Irrwurzen tritt und nun in der Bergwildnis, der sogenannten »Teufelswirtschaft«, ihren eigenen Fußspuren im Schnee folgt. Das Märchen führt mir vor Augen, dass früher weite Strecken zu Fuß zurückgelegt wurden und auch, dass selbst die Einheimischen auf den Bürstlingsrasen und in den Fichtenständen ihrer Heimat mitunter die Orientierung verloren.

Die Straße führt über eine bewaldete Anhöhe in einen Sattel hinab zu einer Weggabelung bei einer kleinen Kapelle. Der Weg teilt sich, die beiden Äste umschließen die Streusiedlung Egg und finden am Ramssattel wieder zueinander, wie die Arme einer Inselgöttin. Der Eggerrundweg erschließt dieses Gebiet. Ich laufe

⨯ EGG

Weinweg

Der Weinweg hat sich als Strecke für Wanderer und Skitourengeher eine gewisse Bedeutung bewahrt.

DOBLER

nach links und folge der grünen Markierung. Ein abschüssiges Waldstück bringt mich zum Weiler Dobler. Nach einer Rechtskurve – hier zweigt der Eggerrundweg zur Burg Kranichberg ab – schwingt sich die Straße zu einer steilen Waldgeraden auf. Die Steigung nimmt bald ab. Ich passiere ein rotes Holzkreuz vor einem Gehöft. Eine ausgiebige Hangquerung später stehe ich vor der Ortseinfahrt von Rams, und an einer weiteren Weggabelung. Von hier aus sind Generationen von Kirchgängern, Heiratswilligen, Bittstellern und Hungrigen nach Kirchberg am Wechsel oder

RAMSSATTEL

bis Otterthal abgestiegen. Für Letztere ist auch der Ramswirt ein naheliegender Grund für einen längeren Aufenthalt.

Ich will zurück nach Raach. Das bedeutet: die Rechtskurve kratzen und den Wanderweg 834/901 A (rote und gelbe Markierung) nehmen. Die asphaltierte Straße geht in einen Karrenweg über, ein Überbleibsel des alten Weinwegs. Die Spuren führen geradewegs in einen Fichten-Buchen-Bergwald hinein. Der Hohlweg leitet meine Schritte auf den Kamm eines Höhenrückens. Statt einer Steigspur erwartet mich ein 2 bis 4 m breiter, ebener Waldweg. An den wenigen Steilstücken steht der felsige Untergrund an, doch es gibt keine Fahrrillen im Gestein. Endlich weicht der Wald einer Allee mit Aussichtsbankerl. Jetzt hole ich den Flachmann heraus. Die weißen Gebirgsstöcke des Wechsels und des Stuhlecks blinken in der Wintersonne; der Felskegel des großen Pfaff spitzelt zwischen den Bergrücken hervor.

Ein Hohlweg lenkt die Spitzen meiner Wanderschuhe hinab zu der kleinen Kapelle, wo sich die Waldschneise mit der zum Doblerhof führenden Straße vereinigt. Ich überlasse das Gehen meinen Stiefeln und fange Schneeflocken mit der Zunge auf. Der Weinweg, die alte Handelsroute, auf der Weinwagen vom Wiener Becken ins Steirische oder »va int auffe« transportiert wurden, liegt heute abseits aller großen Fernstraßen. Ich labe mich mehr

Mundartlich: von Ungarn kommend.

RAACH

und mehr an dieser Abgeschiedenheit.

Niederösterreich und Steiermark

Breite, unbefestigte Erdbahnen wie dieser Pfad nahe Wartenstein am Weinweg dienten jahrhundertelang als Handelsstraßen.

Wandern am Weinweg
Schlagl-Kummerbauer-Otter

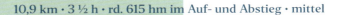

10,9 km · 3 ½ h · rd. 615 hm im Auf- und Abstieg · mittel

Teilstrecken: Schlagl (Parkmöglichkeit ca. ¼ km nach der Kapelle links; 834 m) ½H Schanzkapelle (980 m) 1H Kl. Otterschulter – Kummerbauerstadl (1.079 m) 1H Großer Otter (1.358 m) 1H Schlagl (834 m)

Bevorzugte Jahreszeit: Sommer und Herbst

Ausgangspunkt: Schlagl

Talort: Raach am Hochgebirge

Aussichtspunkte: Kummerbauerstadl; Schulter des Kleinen Otter; Gipfel des großen Otter

Stützpunkt: Alpengasthof Kummerbauerstadl, Hinterotter 30, Trattenbach, T.: 02641/8214

Charakter: Die Otter-Überschreitung steht im Schatten der großen Bergtouren im Rax-Schneeberg-Gebiet: Der Zustieg auf den Otter ist einfacher und man hat den Gipfel in der Regel für sich allein. Am ehesten trifft man auf Einheimische oder Mariazell-Pilger.

Variante: Vom Kummerbauersattel nicht links hinab zum Einstieg in den Otterweg, sondern rechts hinauf zu Alpkogel und Sonnwendstein (2 ½ h).

Anreise: A2/Knoten Seebenstein, S6/Ausfahrt Gloggnitz, B27 bis Schlagl

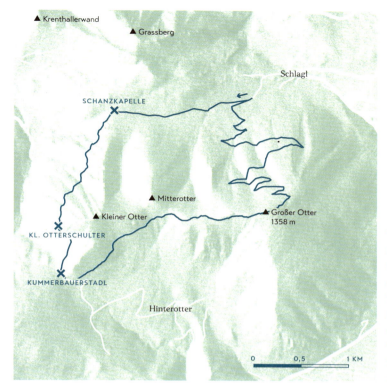

**WEGGESCHICHTE
KURZ UND BÜNDIG**
Die Weinstraße schlängelt sich zwischen Wechsel- und Semmeringstraße vom Steinfeld ins Feistritztal. Klöster nutzten diesen Saumpfad, um Wein aus ihren Weingärten im Schwarzatal in die Steiermark zu transportieren.

WEGBESCHREIBUNG
Mein Rucksack rutscht zum wiederholten Male über die rechte Schulter. Herrschaftszeiten! Enger kann ich die Riemen nicht schnallen. Auf dem Steilhang zwischen der Schanzkapelle und dem Kummerbauerstadl gerate ich in Schräglage, Tendenz: talwärts. Mein Wanderstock hält mich im Gleichgewicht und bewahrt die Vegetation unter mir vor meinen 90 Kilo Lebendgewicht. Murenabgänge und Steinlawinen haben ohnehin tiefe Furchen in die Bergflanke gepflügt und Zwergsträucher wie auch Bergblumen aus diesen Rinnen gefegt. Endlich erreiche ich die Schulter des kleinen Otterkogels, einen Vorsprung an der Westseite des Ottermassivs. Vom höher gelegenen Sonnwendstein gegenüber weht heute früh ein eisiger Wind.

Sonnwendstein, das ist ein Berg, auf dem zur Sonnwendzeit ein Scheiterhaufen angezündet wird. Der slawische Bergname Göstritz meint das Gleiche, einen vorchristlichen Kultplatz. An dieser Stelle soll die Geisterschar der Wilden Jagd vom Sonnwendstein herab und über den Kopf eines Knechts gebraust sein, der so wie ich seinen Wanderstock tief in die Erde gerammt hat. Nur war sein Stock in der Mitte abgesplittert, nachdem der Wilde Jäger und sein Heer über ihn gekommen waren, um in einer der Höhlen des Otters zu verschwinden. Mein Stock wackelt lediglich im Wind.

Weinweg

»Hörner gellten, Rosse wieherten, Hunde heulten und tollten. Näher, immer näher kam's. Und dort – mein Gott! Dort wälzte sich eine graue, verknäulte Tiermasse heran.« Die Wilde Jagd. Vielleicht wäre ich besser daheim geblieben. Denn am Beginn dieser Sage heißt es: »Geh nicht aus dem Hause, wenn nach Sonnenuntergang Rax und Schneeberg blaugrün leuchten! Geh nicht aus der Stube, wenn in einer solchen Nacht die Kuh brüllt, wenn der Hofhund winselt oder die Ziegen und Hennen lärmen!«

Ob sich auf einem der Höfe, an denen ich vorbeigekommen bin, das Vieh im Stall gerührt hat? Ob ich den Hofhund im Vorbeischnaufen geweckt habe?

Der Knecht im Märchen war wie ich unterwegs von Schlagl zum Kummerbauerstadl. Stetig ansteigend folge ich der Weinstraße, die heute ein Wander- und Pilgerweg ist, bis zur Schanzkapelle. Von der Schanz führt ein Steig in die Westflanke des kleinen Otterbergs bis zum Kummerbauersattel.

Der Kummerbauer, dieser Übergang zwischen dem Göstritz- und dem Feistritztal, hieß in der Mitte des 19. Jahrhunderts »Alpe«, auf dem Sattel stand das Kumerkreuz. Der Name ist dem nahen Kumerhof entliehen und den Berg gewissermaßen hinaufgewandert.

Hier draußen in der Morgendämmerung kommen mir die Geschichten von der Wilden Jagd und von den Bergmännchen im Otter gar nicht mehr so verstaubt und aus der Zeit gefallen vor. Ringsum raschelt Laub, rollen Steine, der Häher schreit.

»Am Gipfel des Otter ist ein Loch, welches bis auf den Grund des Berges reicht. Darinnen sieht man schimmernde Goldzapfen von den Wänden seitwärts ragen, weshalb sich schon manche kühne Burschen hinabließen, um sie zu holen. Aber kaum hatten sie die leuchtenden Zapfen abzubrechen begonnen, so kamen auch schon die Bergmanderl in hellen Haufen herbei, nahmen ihnen die köstliche Beute ab und zwangen sie zu leerem Rückzuge.«

Der unscheinbare Otter ist reich an Sagen. Neben der Wilden Jagd und dem Schatzmotiv ist die Figur des »König Otter« bemerkenswert. Dieser in den Berg entrückte König ruht in seiner goldenen Halle wie Karl der Große im Untersberg, zumindest so lange er nicht als Anführer der Wilden Jagd über die Berghänge rast. Der junge Märchenforscher Daniel Stögerer meint, dass dieser Sagenschatz mit den Höhlen zu tun habe. »Mit moderner Technik kann man heute das Höhlensystem erforschen, aber als diese Geschichten hier entstanden, hatten die Menschen nur Kienspäne, die auch bald erloschen sind.« Die tiefen Klüfte im Berg regten die Fantasie der Bauern an, die Geschichten über alles liebten und passende Erzählungen aus fremden Ländern übernahmen. Stögerer sagt, dass Sagen weit gereist sind. Wandernde Handwerker und anderswo stationierte Soldaten mussten den Menschen, an deren Tischen sie saßen und deren Wein und Most

---

Aus Norbert Toplitschs erstem Band der »Sagenreise durch Niederösterreich«, 2010.

SCHLAGL

KUMMERBAUER

Aus P. Willibald Leebs erstem Band der »Sagen Niederösterreichs«, 1892.

OTTER

Die Forschung hat die Idee, der Anführer der Wilden Schar sei gleichbedeutend mit einer germanischen, keltischen oder einer ägyptischen Gottheit, mittlerweile aufgegeben. Kein Kandidat passt vollständig ins Bild. Unterschiedliche Merkmale mehrerer Götter und Mythengestalten sind demnach zur Vorstellung eines wilden Jägers verschmolzen.

Von der Nordflanke des Otterbergs hat man freie Sicht auf den Weinweg und das Rax-Schneeberg-Massiv.

sie tranken, Geschichten aus ihrer Heimat erzählen – das Erzählen war das Fernsehen und das Kopfkino des alten Europa.

Der Otterweg beginnt als Forstweg, der links von der Asphaltstraße – unterhalb des Kummerbauerstadls – wegführt. Das Fehlen einer alpinen Gipfelregion auf dem Otter wird durch das weite, grasige Plateau zumindest teilweise wettgemacht.

Das Ruprechtsloch befindet sich auf ca. 1.300 m an der Ostabdachung des Berges. Das Loch öffnet sich mit einem senkrechten Absturz von 15 m. Zwei andere Klüfte münden hier ein und erweitern die Höhle zu einem schachtartigen Raum. Baumstämme ruhen dort unten auf einem Schuttkegel, von wo es noch weiter hinab geht. Zwischen den Baumstämmen hat man Knochen unbestimmter Herkunft gefunden. Nur die Mutigsten wagten sich hierher vor.

Vom Hauptgipfel, dem Großen Otter mit seinem Gipfelkreuz, führt ein Wiesenweg den Osthang hinab zu einer Forststraße. Ich folge ihr links entlang einer Allee aus Lärchen und bleibe auf diesem rot markierten Serpentinenweg, bis ich den Ausgangspunkt in Oberschlagl bzw. Schlagl wieder erreiche.

- Das Ruprechtsloch ist eine von zwölf schachtartigen Höhlen im Otter, deren größte, die Otterkluft, 576 m Länge und 55 m Tiefe aufweist.

✕ SCHLAGL

Weinweg

NIEDERÖSTERREICH UND STEIERMARK

10
Hochwechsel-steig

von Trattenbach
nach Vorau

REISE ANS ENDE DER ALPEN

Im 14. Jahrhundert ließen sich die Pröpste von Stift Vorau in Sänften über den Hochwechsel tragen, wenn sie auf Visite nach Kirchberg mussten. Der Weg über Bruck an der Lafnitz und Festenburg auf den Wechselkamm war eine Schinderei, aber frei von Mautstellen.

Aufstieg: 1.163 hm • Abstieg: 1.307 hm
Distanz: rd. 42 km • Dauer: rd. 16 h

HISTORISCHE NAMEN
Samersteig • Schrattweg • Kohlweg

1 Hubert Peterka, Willi End, Wiener Hausberge, 1964

5 Fakten

1. Die **Passwege** über den Wechsel bzw. den Hartberg waren schon in karolingischer Zeit bekannt.

2. Der **Saumtiersteig** war der kürzeste, gleichzeitig der beschwerlichste Weg über den Wechsel. Er führt vom Bergbauort Trattenbach nach Vorau.

3. In den **frühen Karten** von Niederösterreich sind der »Semering« und der »Hartperg« wichtige Alpenübergänge, so in der Austria-Karte von Wolfgang Lazius aus dem Jahr 1595. Der »Wexel« hat 1678 Karten-Premiere.

4. Der Wechsel ist der **östlichste Teil der Zentralalpen** und ein mächtiges Hindernis auf dem Weg nach Süden. Das Gebiet ist dreimal so groß wie das Schneebergmassiv.

5. Das Gebirge erhielt im 20. Jahrhundert den Spitznamen **Ostkap der Alpen**.[1]

HISTORISCHE BEDEUTUNG

Wiewohl der Hochwechselsteig älter ist, erreichte diese Nord-Süd-Route erst im Spätmittelalter überregionale Bedeutung, und zwar als Alternative zu der von den Ungarn bedrohten Hauptroute, der Hartbergstraße. Bis dahin diente sie als Zustieg zu den Schwaigen am Wechsel, die seit dem 12. Jahrhundert existierten. Römerzeitliche Fahrwege gab es hier nie.

HINTER DEN BERGEN DAS MEER

Wo das Meer liegt, wissen die Menschen, selbst wenn sie nie dort gewesen sind. In Trattenbach hat der Historiker Carl Plank in den 1930er-Jahren eine Erzählung gehört, von der er den folgenden Satzteil überliefert: »… und von einem großen Meer, bis zu dem der Weg ging, der dann vom jenseitigen Ufer über den hohen Berg führte.« Der Sagensammler Daniel Stögerer hat nach der Geschichte hinter diesem Sagenfragment geforscht. »Interessanterweise findet es sich nirgendwo sonst in der Literatur. Plank dürfte sie mündlich von Ortskundigen aufgeschnappt haben.«

Ich spekuliere: Die Wellen des Mittelmeers rauschten in den Köpfen der Menschen, die am Fuß des Wechsels lebten. Kirchberg am Wechsel und Aspang waren vor dem Ausbruch des Zweiten Weltkriegs, und danach wieder, Sommerfrische-Orte. Das Wandervergnügen lockte eine städtische Klientel an. Mit ihr kamen Geschichten über Italienreisen und Urlaube am Meer ins Wechselland.

Auf ihren Wanderfahrten lernten die Besucher aus Wien die Orte am Hochwechselsteig kennen: Der **Trattenbach** ist der Oberlauf der Feistritz. Der Name beruht auf dem hochmittelalterlichen Ausdruck für einen reißenden Bach. Die bayerischen Siedler haben den slawischen Namen der Feistritz, was so viel wie die »schnell Fließende« bedeutet, ins Deutsche übertragen.

Der **Saurücken** ist ein Höhenzug (1.312 m) an der nordseitigen Berglehne des Wechsels, dessen Form die Bauern an das Rückgrat eines (Wild-)Schweins erinnert hat. Von Osten her zieht ein zweiter Saurücken von Kirchberg am Wechsel gegen die Steyersberger Schwaig.

Der Wortteil Hoch- im **Hochwechsel** ist eine gelehrte Ergänzung. Es bezeichnet den höchsten Punkt des Gebirgsstocks. Der Bergname Wechsel bedeutet Wildwechsel, Wasserscheide.

Die stark befestigte Burg an der Südseite des Wechsels, **Festenburg** genannt, entstand im 12. Jahrhundert (1174 *Vestenbruch,* 1175 *Vestenburg*). Vorau am Ende der Hochwechselstraße ist nur unwesentlich älter. Ein Bündel an Wegen strebt diesem Platz zu.

Vorau, erstmals 1139 als *Voraugia* bezeugt, bezeichnet eine Gegend, die vor einem Auwald mit dem anschließenden feuchten Wiesenland liegt. Im Fall von Vorau in der Steiermark ist die Lafnitz mit ihren Feuchtgebieten gemeint.

Carl Plank, Römerzeitliche Straßen über den Hochwechsel und den Hartberg, 1939/43.

Wandern auf dem Hochwechselsteig Feistritzsattel-Hochwechsel über Umschussriegel

15,6 km · 4 h · rd. 500 hm im Auf- und Abstieg · mittel

Teilstrecken: Feistritzsattel (1.300 m) 45 MIN Kranichberger Schwaig (1.530 m) ¼ H Dreiländereck-Sattel (1.561 m) 1 H Hochwechsel (Wetterkogler Haus) (1.743 m) 2 H Feistritzsattel (1.300 m)

Bevorzugte Jahreszeit: Sommer und Herbst

Ausgangspunkt: Parkplatz / Bushaltestelle auf dem Feistritzsattel

Talort: Trattenbach

Aussichtspunkte: Kranichberger Schwaig, Arabichl, Umschussriegel, Hochwechsel

Stützpunkt: Wetterkogler Haus am Hochwechsel des Österreichischen Gebirgsvereins, T.: +43 (0)3336 / 4224

Charakter: Aussicht in alle Richtungen vom waldfreien Wechselkamm; mit der Steyersberger und der Kranichberger Schwaig sowie mit dem Wetterkogler Haus gibt es entlang des Weges gleich drei Versorgungsstationen. Eine Überschreitung nach Festenburg ist möglich: Sammeltaxi Oststeiermark, Haltestelle Schloss Festenburg, T.: +43(0)050 363738.

Variante: Vom Dreiländersattel lohnt sich wegen des Rundblicks ein Abstecher auf den Arabichl, 1.595 m (1 h zusätzlich einplanen)

Anreise: A2/Ausfahrt Seebenstein, S6/Gloggnitz, L134 bis Otterthal, dann rechts bis Feistritzsattel; Linie 368 (Trattenbach-Kirchberg am Wechsel)

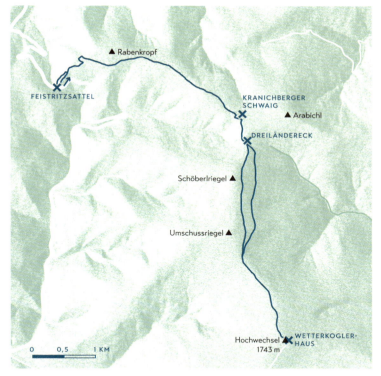

**WEGGESCHICHTE
KURZ UND BÜNDIG**
Der Saumpfad über den Hochwechsel verband den Bergwerksort Trattenbach im niederösterreichischen Feistritztal mit Festenburg im steirischen Lafnitztal. Dazwischen lagen die seit dem Mittelalter bewirtschafteten Schwaigen.

WEGBESCHREIBUNG

Der Hochwechselsteig wurde von Angehörigen unterschiedlicher Berufe genutzt: Hirten, Senner, Bergleute, Köhler, Jäger, Förster, Holzfäller, Glasbläser, Säumer, Kleriker; heute: ich.

In Baumgarten im Feistritztal trifft ein Nebenast der Weinstraße, der vom Kummerbauersattel herabführt, auf die Straße nach Trattenbach. Ich ziehe in den alten Bergwerksort weiter und marschiere von dort durch den Trattenbachgraben in Richtung Steyersberger Schwaig und Kranichberger Schwaig.

Dort angekommen stelle ich fest, dass die Akku-Batterien meines GPS-Geräts leer sind, Ersatz ist nicht vorhanden. Dieser Teil des Wechsels heißt Dreiländereck. Ein Blick auf die Karte genügt, um zu wissen, dass hier nur zwei Länder – Niederösterreich und Steiermark – aneinandergrenzen. Gemeint ist das Zusammentreffen der Ländereien dreier Grundbesitzer: Die zum Schloss Steyersberg gehörige Steyersberger Schwaig (ab 1920: Wald- und Weidegenossenschaft Molzegg), die Aspanger (Marienseer) Schwaig und die Kranichberger Schwaig (Weidegemeinschaft aus Trattenbach). Der Schneeharsch erschwert das Fortkommen erheblich. Ich genieße den Ausblick, steige ins Tal ab, rutschend, die Eiskruste aufreißend, fluchend.

Ich bin keine Figur aus einer der ca. 130 Sagen aus dem Wechselland, sonst wäre mir wegen meiner Flüche die Weiße Frau auf

Hochwechselsteig

Der langgezogene Bergrücken des Wechsels trägt den Beinamen Ostkap der Alpen.

Das Lutscherl ist die lokale Abwandlung der Frau Percht, die in Ost-Österreich nicht vorkommt. Der Name ist eine Verballhornung der Hl. Lucia, einer frühchristlichen Märtyrerin.

FEISTRITZSATTEL

KRANICHBERGER SCHWAIG

den Fersen, um mir Gottesfurcht einzuflößen. Schlimmer noch: Das Lutscherl würde mir womöglich mit seinem Messer die Füße zerschneiden: Der zottige Waldgeist verletzt mit Vorliebe einsame Wanderer, die, statt die Sonntagsmesse zu besuchen, dem Müßiggang frönen.

Zweiter Anlauf, wärmere Jahreszeit: Diesmal erhöhe ich meinen Komfort und gehe vom Feistritzsattel, der schon auf 1.300 m Seehöhe liegt, los in Richtung Steiermark. Eine Wegrampe führt um einen kleinen Geländevorsprung herum und direkt in den Bergwald hinauf – immer der roten Markierung und den Infotafeln des »Themenwegs Forst« nach. So gelange ich bald zu einigen morastigen Stellen. Der Weg ist in den Senken durch Holzbohlen versichert. Sie sind die stummen Zeugen des jahrhundertewährenden Kampfes der Almbauern gegen die Natur. Keine Stunde dauert der Aufstieg vom Sattel bis zur bewirtschafteten Kranichberger Schwaig, eines der ältesten Bauerngüter am Wechsel – die erste urkundliche Erwähnung stammt aus dem Jahr 1569. Wie die meisten der alten Schwaigen wurde sie nach ihrer ehemaligen Grundherrschaft benannt. So auch die nahe Aspanger (Marienseer) Schwaig, 1555 erstmals genannt.

Schwaigen sind keine Almen: Sie werden nicht nur im Sommer, sondern ganzjährig bewirtschaftet. Die Schwaigen entstanden während der großen Rodungen im 12. bis 14. Jahrhundert. Die damals günstigen klimatischen Verhältnisse erlaubten die dauerhafte Besiedelung der Alpen. Auf den Höfen wurden Käse und Butter erzeugt. Die kleine Eiszeit ab dem 16. Jahrhundert bedeutete das Ende für diese Dauersiedlungen. Ihr heutiges Aussehen erhielten die Schwaigen im 19. und 20. Jahrhundert, als Wanderer und Skifahrer mit der Bahn und mit dem Auto ins Wechselland strömten.

Oberhalb der Schwaig, beim Dreiländereck auf 1.561 m, treffe ich auf den Saumpfad aus Trattenbach. Hier verlässt der Weg den Bergwald und erreicht die subalpine Zone – einen aufgelockerten Weidewald. Seit der Bronzezeit treiben die Hirten in dieser Gegend ihre Tiere auf die Urwiesen oberhalb der Baumgrenze, dabei lichteten sie auch die Urwälder darunter und schufen diesen Übergangsbereich. Der Vieh-Weg, der steil bergauf und nach Süden führt, ist auffällig breit ausgestaltet, mit großen Trittsteinen. Ehe der Bergkamm erreicht wird, knickt die Straße nach links weg und führt als schmaler Hangweg unterhalb des beweideten Umschussriegels zum Bergkamm hinüber. Ab hier habe ich das Ziel, den Hochwechsel, vor mir. Ein publikumswirksames W für Wetterkogler Haus markiert den höchsten Punkt. Der Süden lockt! Zur Vorauer Schwaig sind es von hier nur 1 ¼ h. Ich überlege, aber nicht lange, denn an dieser Terrasse der Ostalpen sollte man nicht vorüberhasten. Der Süden kann warten …

Der Name Schwaig leitet sich von dem mittelhochdeutschen Wort »sweig(e)« ab und bedeutet Viehhof, Viehherde oder Sennerei mit zugehörigem Weideplatz.

× **DREILÄNDERECK**

Umschuss bedeutet Bergrücken. Auf der Karte »Der nördliche Theil von Untersteyermark oder der Graetzer Kreis« aus dem Jahr 1789 hieß der Wechsel noch Hoher Umschuss. Der Niederwechsel war der Vordere, der heutige Umschussriegel der Hintere Umschuss. In der Niederösterreichkarte von Nikolaus Kellermann (1801–1804) findet sich die Schreibweise »Wexel-Umschuss«.

× **WETTERKOGLERHAUS**

Der jahrhundertelange Betritt verleiht dem Hochwechselsteig ein straßenartiges Gepräge.

Hochwechselsteig

Wandern auf dem Hochwechselsteig
Kohlweg auf die Vorauer Schwaig

11,6 km · 4½ h · 517 hm im Aufstieg, 502 hm im Abstieg · mittel

Teilstrecken: Tränktörl (1.009 m) **1 H** Pinka-Übergang (Infotafel »Alte Glashütte«) (1.179 m) – Vorauer Schwaig (1.509 m) **2 H** Abzweigung vom Studentenkreuzweg (1.195 m) **½ H** Tränktörl (1.009 m)

Bevorzugte Jahreszeit: Sommer und Herbst

Ausgangspunkt: Tränktörl

Talorte: Mönichkirchen (NÖ), Schaueregg (Stmk.)

Aussichtspunkte: Vorauer Schwaig, Niederwechsel

Stützpunkt: Vorauer Schwaig, Festenburg 38, St. Lorenzen am Wechsel, T.: +43 (0)2649 / 81 97

Charakter: Selbst an Wochenenden frönen Sie der Waldeinsamkeit, nur wenige Wanderer marschieren auf den vergessenen Hohlwegen und über die Forststraßen auf der steirischen Gebirgsseite. Erst im Umfeld der Vorauer Schwaig ist mit Menschenansammlungen zu rechnen.

Variante: Sie vergrößern die Runde, indem Sie den Niederwechsel einbeziehen (Rückkehr via Hallerhaus-Mönichkirchner Schwaig-Studentenkreuz, plus 2,5 h).

Anreise: A2 / Abf. Edlitz-Aspang, auf der B54 nach Mönichkirchen; Linie 371 (Aspang-Mönichkirchen)

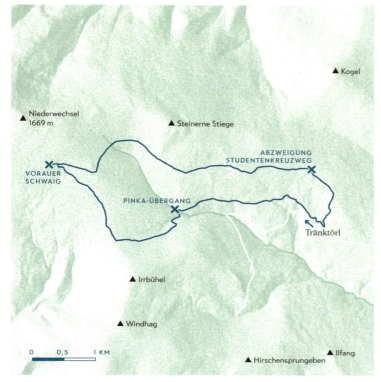

WEGGESCHICHTE KURZ UND BÜNDIG

Ende des 15. Jahrhunderts glosten die ersten Kohlenmeiler und Kohlengruben am Südhang des Wechsels, ab 1700 stand hier die erste Glashütte. Holzkohle wurde in der Glaserzeugung und Eisenverarbeitung sowie in der Metallerzeugung gebraucht. Auf dem Kohlweg transportierte man den Brennstoff über den Wechsel ins niederösterreichische Feistritztal, nach Mariensee.

WEGBESCHREIBUNG

Der spätmittelalterliche Kohlweg, an den u. a. die Flurnamen »Köhlerhütten« und »Kohlsiedelwald« erinnern, ist nicht mehr vollständig begehbar – aber er ist noch da! Wie auch der Samersteig bei Festenburg zeigt dieser Altweg, dass die Handelsrouten früher anders verliefen. Heute abgeschiedene Waldgegenden waren im Spätmittelalter und der frühen Neuzeit erschlossen und die Wälder in ihrer Umgebung gerodet. Damals legten spezialisierte Siedler die ersten Kohlenmeiler und -gruben an und errichteten Glashütten. Die Handwerker lebten mit ihren Familien in einfachen Holzhütten, für ihren Unterhalt hielten sie Nutztiere. Heute ist von den beiden Schaueregger Glashütten, die ab 1700 bestanden, bis auf wenige Grundmauern nichts mehr zu sehen.

Der Einstieg in den Kohlweg liegt am Ende des Weilers »Tränktörl« – was für ein Straßenname! Ein tief eingesunkener Hohlweg mündet nach etwa 1 km in eine Forststraße, die meine Schritte nach Westen zum Ufer der Pinka leitet. Der Bach entspringt auf fast 1.500 m, zwischen dem Niederwechsel und der Steinernen Stiege. Der Weg führt nun um einen Geländesporn herum, passiert eine Jagdhütte und einige Fischteiche, ehe er wieder in steileres Gelände hineinführt. Den Hang querend mündet dieser Steig nach ca. 1,5 km in den Schrattweg (1.335 m). Dieser Altweg

Vom Mittelalter bis zur Industrialisierung waren Waldglashütten die gewinnbringendste Art der Waldnutzung. Buchen, Eichen und Fichten lieferten die nötige Pottasche – für 1 kg Glas bedurfte es 300 kg Holz. Der unentbehrliche Quarzsand kam, wie der Brennstoff, aus der Umgebung.

× TRÄNKTÖRL

VORAUER SCHWAIG

zieht von der Thalberger Schwaig über den Windhag den Wechsel herauf. Da sich nun der Wald lichtet, ist die Vorauer Schwaig, das Ziel der Wanderung, nicht mehr weit. Holztafeln weisen den Weg zu diesem viel besuchten Ausflugsziel.

Nicht zu bezweifeln ist, dass das Leben an den Lehnen des Wechselbergs rau war, Köhler waren trotz ihrer für die frühen Industrien unentbehrlichen Tätigkeit Außenseiter. Sie besserten ihre karge Kost durch Wilderei auf. Die Sagengestalt des Holzknechtsepps, der mit dem Teufel im Bunde stand und daher nicht zu überlisten war, beruht auf einem realen Mörder, der im Jahr 1814 zwischen Tränktörl und Mönichkirchen einen Glasträger umbrachte. Eine andere Sage aus Schaueregg dreht sich um den trinkfreudigen Köhler Mentl, der nach einer Begegnung mit dem Teufel auf dem Heimweg zu seiner Keusche dem Alkohol abschwört. Man ahnt die Trostlosigkeit und Verzweiflung hinter diesen Geschichten.

Zwischen den hochwüchsigen Drahtschmielen ist der Pfad über die Lichtung kaum zu erkennen (nahe Tränktörl).

Tief in den Untergrund eingeschnittener Hohlweg zwischen der alten Glashütte und der Vorauer Schwaig.

Die Vorauer Schwaig gehört seit 1635 den geistlichen Herren aus dem Augustiner-Chorherrenstift Vorau. Da die Grundherrschaften ihre Melk-Almen mit den Geräten zur Butter- und Käseerzeugung ausstatteten, waren diese Bauernsiedlungen wirtschaftlich etwas bessergestellt als die Glasmacher, Holzfäller, Pottasche-Sieder und Feuerschürer in ihren Bergdörfern. Bezeichnenderweise sind Geschichten über vergrabene Schätze, Viehmärkte und bedeutende Transaktionen reicher Händler mit dieser Schwaig verbunden. Keine Rede von Raubmord und Trunksucht.

Die Wahl des Rückwegs zum Tränktörl ist eine Frage der Tagesverfassung: sportlich ehrgeizig über Niederwechsel, Hallerhaus und Studentenkreuz, oder kommod über teils aufgeforstete Almböden den Wechselhang entlang. Doch das kann noch warten: Zuerst genieße ich die lustige Mischung aus singenden Südburgenländern (»Ja, wenn das so ist, dann Prost!«), Bergläufern und Tennispatschen-Touristen. Auf der Vorauer Schwaig werden bereits seit Ende des 19. Jahrhunderts Gäste bewirtet. Die jetzige Hütte stammt aus dem Jahr 1779. Diese Schwaig ist der Praterstern des Wechsels, ein Wegkreuz, das seine Strahlen weit nach Süden sendet. Der Blick geht über Vorau hinaus. Ich denke an Hartberg, an Graz, an die sonnenbeschienenen Steinstraßen Kärntens und Oberitaliens.

- Die Vorauer Schwaig bestand anfangs aus zwei Teilen, aus der Kuhschwaig und der Ochsenschwaig. Beide Schwaigen sind seit dem 16. Jahrhundert belegt, sie gehörten ursprünglich dem steirischen Adelsgeschlecht derer von Saurau. Mit dem Erwerb von Schloss und Herrschaft Friedberg fielen die Schwaigen an das Stift Vorau. Es besaß darüber hinaus seit 1616 die Festenburg und kontrollierte damit den Saumpfad über den Wechsel.

✕ TRÄNKTÖRL

Hochwechselsteig

NIEDERÖSTERREICH UND STEIERMARK

11
Hartbergstraße
von Pitten nach Markt Allhau

TRANS-STYRIA

Der Hartberg ist mit 918 m der kleine, gemütliche Bruder des Hochwechsels (1.743 m). Sicher ist, dass im frühmittelalterlichen Österreich die alten Römerstraßen weiter benutzt wurden. Eine solche verlief aus dem Wiener Becken nach Süden bis Warth. Dort wurde ab 1042 der Passierzoll eingehoben.

Aufstieg: rd. 600 hm • Abstieg: rd. 630 hm
Distanz: rd. 60 km • Dauer: ca. 18 h

HISTORISCHE NAMEN
Treidelweg • Hochstraße

5 Fakten

1. Die **Hartbergstraße** war die Vorgängerin der Venediger Straße, gewissermaßen die Südautobahn des Mittelalters.

2. Zahlreiche **Nebenstraßen** münden in den Hartbergweg oder führen von ihm weg. Der Weg durch das Haßbachtal endet in Warth, die Verlängerung der Blätterstraße in Olbersdorf.

3. Die **Wechselbundesstraße** B54, deren Verlauf vom historischen Hartbergweg abweicht, passiert Mönichkirchen und hat den Vorteil der besseren Aussicht.

4. **Friedberg,** das vom Hartbergweg berührt wird, gehört zu den frühen Wehrstädten der Oststeiermark. Sie wurde aus dem Lösegeld für Richard I. von England 1194 gegründet.

5. Die Stadt **Hartberg** ist der natürliche Verkehrsknoten der Oststeiermark, aber die Hartbergstraße ist älter. Ihre Trasse berührt diesen Markt nicht direkt.

HISTORISCHE BEDEUTUNG

Die Hartbergstraße war die Lebensader der Kolonisten. Die Siedler sickerten von Norden her in die Ost-Steiermark ein. Frühe Ortsnennungen und Kirchengründungen entlang der Straße aus dem Wiener Becken belegen das hohe Alter des Verkehrswegs. Pitten wurde im Jahr 869 erstmals urkundlich genannt, der erste Hof in Aspang datiert aus dem Jahr 860. Ende des 9. Jahrhunderts verwüsteten die Magyaren das Wiener Becken und den oststeirisch-südburgenländischen Grenzraum. Die Besiedelung des Pittentals nördlich des Wechsels schritt indes weiter voran.

Am Südfuß des Hartbergs errichtete der Johanniterorden um 1130 ein Pilger-Spital, das heute fast vergessene »Spital in der Tauchen«. Aus dieser Zeit gibt es Nachrichten, dass steirische Kreuzfahrer über den Hartberg zogen. Ebenfalls in jenen Jahren wurde der Markt Hartberg ausgebaut. Zufall? Sicher nicht. Das Zusammentreffen dieser Ereignisse spricht dafür, dass auf diesen heute so einsamen Waldwegen reger Verkehr herrschte.

AUF EINER REISE NACH SÜDEN

Gras wächst in Gräben und auf Wegen. Die mittelalterlichen Kolonisten stapfen auf den Resten antiker Straßen dahin und an römerzeitlichen Grabstelen vorüber, wenn sie durch das Pittental nach Süden ziehen. Sie beobachten den Waldrand scharf. Der Boden ist mit Spuren alten Goldbergbaus durchsetzt. In den Wasserkanälen und Sammelbecken verstecken sich Wegelagerer. Das Land scheint sonst nur aus Bäumen und Stille zu bestehen – Wälder jenseits der Wälder.

Hartberg ist ein Name, der in Niederösterreich achtmal vergeben ist. Die Ortsbezeichnung Hart kommt hier 16-mal vor, das steirische Ortsverzeichnis nennt 27 Vorkommen. Gemeint ist nicht die Härte des Lebens, die Namen leiten sich allesamt vom mittelhochdeutschen Wort *hart* für »Wald« ab.

Der Name **Hochstrasswald** zeigt, dass die Hartbergstraße zwar über den Hartberg, aber nicht nach Hartberg führte. Das Waldstück erreicht 496 m Höhe und liegt nordwestlich von Pinkafeld. Es ist ein Rest des steirisch-ungarischen (heute südburgenländischen) Grenzwaldes.

Das Leberfeld nordöstlich von Grafenschachen ist aus den Kartenwerken verschwunden. Schade um den alten Namen, der auf mittelhochdeutsch lê (Mehrzahl lêwer »Hügel, Anhöhe«) zurückgeht. Die Hartbergstraße führte hier ebenso vorbei wie an den amtlich klingenden Fluren **Eidwiesen und Grichtwiesen** bei Loipersdorf. Hier fädelte die Straße in das Altwegenetz der Oststeiermark ein.

Wandern an der Hartbergstraße
Warther Panoramaweg

10,3 km · 3 ¼ h · rd. 420 hm im Auf- und Abstieg · leicht

Teilstrecken: Warth (385 m) <u>1 H</u> Zottlhof (510 m) <u>½ H</u> Thann (530 m) <u>10 MIN</u> Kirchau (429 m) <u>40 MIN</u> Maierhöfen (660 m) <u>¼ H</u> Palm (650 m) <u>40 MIN</u> Warth (385 m)

Bevorzugte Jahreszeit: Frühling bis Herbst

Ausgangspunkt: Gemeinamt Warth

Talorte: Scheiblingkirchen-Warth, Kirchau

Aussichtspunkte: Zottlhof, Maierhöfen, Palm

Stützpunkt: Gasthaus-Restaurant Reisenbauer, Bundesstraße 62, Scheiblingkirchen, T.: +43 (0)2629 / 24 01

Charakter: Aussichtsreiche Wanderung auf meist befestigten Wegen in einer links liegen gelassenen Wandergegend, dem Wechselvorland. Im Frühjahr macht der Schneeberg als glitzernde Bergkulisse seinem Namen Ehre.

Variante: Bei Thann nicht nach Kirchau absteigen, sondern nach Norden zum Rehgartlkreuz und zum kleinen Hartberg (510 m) marschieren. Hier befindet sich der Einstieg in die große Erzherzog-Johann-Runde (Gleißenfeld, Türkensturz, Thernberg, Scheiblingkirchen; 7 h).

Anreise: A2/Knoten Seebenstein, auf der B54 bis Warth; Bhf. Scheiblingkirchen-Warth

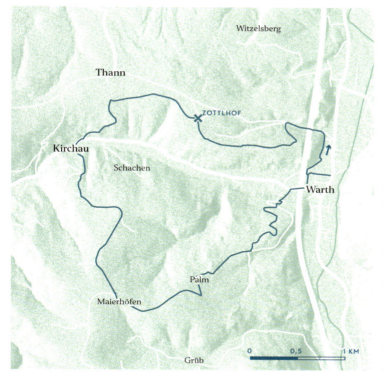

WEGGESCHICHTE
KURZ UND BÜNDIG
Warth liegt an einer Engstelle des Pittentals, wo der Weg durch das Haßbachtal und die Hochstraße aus Guntrams einmünden. An diesem Wegkreuz befand sich im Spätmittelalter eine Mautstelle (»Muta«). Die Altsiedlung von Warth entstand im 9. Jahrhundert, als Grenzbefestigung im Osten des Reichs.

WEGBESCHREIBUNG
Der Arbeiter, der gerade über den Haßbachsteg stapft, sieht einen einzelnen Mann den Zaun am Gemeindekindergarten entlangschlendern. Sein »Guten Morgen« kommt zögerlich daher. Ich gehöre nicht nach Warth. Andererseits: Es ist 6 Uhr in der Früh, es hat 2 Grad über dem Gefrierpunkt. Was kann ein Zugvogel wie ich schon groß im Schilde führen? Und schon bin ich wieder weg, in Richtung Blumenweg.

Vor 1.000 Jahren wäre es wohl nicht bei misstrauischen Blicken geblieben. Man hätte den vermeintlichen Spion angehalten, verhört und vielleicht kurzerhand aufgeknüpft. Damals war die Gegend noch ein Grenzposten der Mark gegen die Ungarn. Die Berghöfe hießen **»bei den Baiern«**.

Diese Tour nimmt beim Gasthaus zur alten Post nahe dem Gemeindeamt von Warth ihren Ausgang, zunächst wandert es sich leicht: Promenadenweg nach Westen, ein Steg führt über den Haßbach, rechts in die Blumengasse einbiegen. Am Ende dieses Straßenzugs wendet man sich nach links und verlässt die geschlossene Siedlung durch die Zottlhofstraße. Ca. 300 m nach der Autobahnbrücke zweigen hinter dem letzten Haus zwei kleinere Straßen links ab: ein Güterweg und ein Waldweg. Letzterer klettert den bewaldeten Hügel hinauf. Das ist unser Weg!

Ist der Kamm einmal erreicht, gibt es kaum noch etwas, das

• Die mundartliche Form wurde verschriftlicht als Palm, eine Siedlung am Weg

✕ WARTH

Hartbergstraße

Der alte Fahrweg bei Zottlhof führt über den Höhenrücken des Karth.

WARTH

die freie Sicht behindert. Der Schneeberg geht wie ein Mond hinter Thann auf, dem nächsten Etappenziel. Bei Zottlhof deutet ein durch die lange Benutzung eingesunkener Feldweg schon an, was Straßenforscher längst vermuten. Nämlich, dass ein Verbindungsweg aus dem Wiener Becken über Schwarzau am Steinfeld und Guntrams ins Haßbachtal herunterführte, der schon zur Römerzeit begangen wurde.

KIRCHAU

Wir steigen nach Kirchau ab, das im Süden liegt. Die namensgebende Kirche ist der hl. Margareta geweiht. Der Stifter war ein Herr der nahen Burg Gutenbrunn, dessen Tochter schwer erkrankt war. Der Burgherr aus dem Geschlecht der Kirchauer gelobte, der verehrten Märtyrerin eine Kirche erbauen zu lassen, wenn seine Tochter gesund würde. Als das eintrat, durften seine Untergebenen die erste Kapelle errichten, das war im letzten Viertel des 12. Jahrhunderts. Das Ministerialengeschlecht saß auf der heute verfallenen Burg Gutenbrunn (Stubenberg).

Um dieses Geschlecht, die auch Stubenberger genannt wurden, rankt sich noch eine andere, weniger schmeichelhafte Geschichte. Einer der Vertreter dieses Hauses soll sich gegen seine Gefangenen schwer vergangen haben, ehe ihn selbst der Teufel holte. Das wirft zum einen ein Schlaglicht auf die Brutalität jener Tage,

134   **Niederösterreich und Steiermark**

zum anderen entspricht es aber genau dem wiederkehrenden Sagen-Stereotyp des grausamen Ritters. Dieser begegnet auch bei der nahen Burgruine Grimmenstein, die wegen der Sünden eines Besitzers Jahr für Jahr um ein Haferkorn absinkt. Auch Schuster und Bauern, die die Sonntagsmesse nicht erfüllen, werden für ihre Säumigkeit abgestraft, zumindest in den von Geistlichen aufgezeichneten Versionen dieser Folklore.

Doch nicht alle Geschichten sind einfach gestrickt. Eine Sage ist mit dem Ort Kleineben, südlich von Kirchau, verbunden. »Der schwierige Teufel« erzählt von einem mehr lästigen als furchteinflößenden Leibhaftigen. Dieser sitzt in Form einer Amsel auf dem Backofen einer Bauernstube, wohin ihn die Gebete der Bauern verbannt haben, er sich aber von dort nicht vertreiben lässt. Mit einem herbeigeeilten Priester lässt sich der schräge Vogel auf einen Disput ein. »Na, na, du kannst mir a nix tuan! Du hast deiner Muatta die Oa gstohln!« »Weißt du, warum ich das getan habe?«, erwiderte der Geistliche, »ich habe die Eier verkauft, um mir mit dem Geld Papier, Feder und Tinte zu besorgen. Ich studierte und wurde Priester. Jetzt hast du nichts mehr zu reden.« Kleineben wird im 16. Jahrhundert erstmals erwähnt.

Durch Buchen- und Fichtenwälder windet sich die Ebener Straße von Kirchau nach Maierhöfen hinauf, vorbei an Höfen mit Namen wie Lindenhof und Birkhof. Am höchsten Punkt auf ca. 660 m angekommen, biegt der Burgweg nach Grimmenstein ab (Variante, plus 1 h). Auch das Geschlecht der Grimmensteiner ist im 12. Jahrhundert nachweisbar, sie gehörten zu den Gefolgsleuten der Babenberger in diesem südöstlichen Grenzland. Der Kulmriegel war zu dieser Zeit eine stark befestigte Talsperre.

× MAIERHÖFEN

Der Normalweg führt nun hinab nach Palm, wo auf einem kleinen, abgezäunten Hügel eine angeblich 1.000-jährige Linde thront. Der Baum verweist auf die Pionierzeit des Wechsellandes, wie auch der Aichhof in Warth, am Fuß des Kulmriegels, wo der Abstieg endet. Der Hof ist heute Standort der landwirtschaftlichen Fachschule. Er liegt an einer strategisch bedeutenden Stelle, am Austritt des Haßbach- in das Pittental.

× PALM

× WARTH

Der Wächter vom Haßbachsteg ist immer noch da, auf mein Winken hin nickt er knapp. Vertrauen ist schwer zu gewinnen, damals wie heute.

Wandern an der Hartbergstraße
Mönichkirchen-Hartberg-Spital-Tauchenbach-Mönichkirchen

12,8 km · 3¾ h · 496 hm im Anstieg, 484 hm im Abstieg · mittel

Teilstrecken: Mönichkirchen (948 m) ½ H Patritzlkreuz am Hartberg (883 m) 1 H Spital (610 m) 2 H Mönichkirchen am Wechsel (967 m)

Bevorzugte Jahreszeit: Sommer und Herbst

Ausgangspunkt: Gemeindeamt Mönichkirchen

Talort: Tauchen

Aussichtspunkte: Mönichkirchen; Patritzlkreuz

Stützpunkte: Bäckerei Dorfstetter, Mönichkirchen 83, T.: +43 (0)2649/ 218; Gasthof-Pension Putz-Aminger, Tauchen 62, Mönichkirchen, T.: +43 (0)2649 8102

Charakter: So wie der nördlich gelegene Samberg liegt auch diese Tour abseits der touristischen Hauptrouten. Die breiten Waldwege sind gleichwohl durchgehend beschildert, mit Entfernungsangaben und Schautafeln zur Geschichte dieses Landstrichs ausgestattet. Das Fehlen von Mountainbikern (im Unterschied zum Samberg) mag man als angenehm empfinden.

Variante: Vom Patritzlkreuz ca. 1,5 km in nordöstlicher Richtung auf dem alten Hartbergweg liegt das Gasthaus Schuh, gleichzeitig ein Taxiunternehmen (Stübegg 65, Zöbern, T.: +43 (0)2642/52332

Anreise: A2 / Abf. Edlitz, Aspang, B 54 bis Mönichkirchen

WEGGESCHICHTE KURZ UND BÜNDIG

Eine Vorläuferin der heutigen Wechselstraße führte nicht über Mönichkirchen, sondern zweigte bei Mitteregg ab und erklomm den Hartberg. Jenseits des Passes lief diese Straße auf den Ort Spital zu, wo ab 1130 ein Passhospiz der Johanniter bestand, eines der frühesten Pilgerhospitäler der Ostalpen.

WEGBESCHREIBUNG

Die Menschen im Pittental träumen vom Süden. Es sind köstliche Träume: Vom Meer her kommen die Venedigerwaren, Seide und Gewürze, dort ist das Klima milder als an den Hängen des Hartbergs, außerdem tummelt sich viel fremdes Volk in den Häfen, mit unbekannten Sitten und Gebräuchen – eine ebenso unheimliche wie aufregende Vorstellung. Seit Jahrhunderten träumen sie, und jede Generation malt sich die Gegend, zu der die uralte Hartbergstraße führt, noch ein bisschen fantastischer aus. Die Bauern fragen fahrende Händler, Handwerker, Soldaten und Pilger aus. Sodann rühren ihre Erzähler daraus einen Sagenbrei, dessen nahrhaftestes Gericht den Namen »Der See von Pitten« trägt:

»In dem Gaue Pütten [Pitten, Anm.] war vor Zeiten ein großer See, worauf noch mehrere Spuren hindeuten«, schreibt P. Willibald Ludwig Leeb, der im 19. Jahrhundert die Volkssagen seiner Heimat aufgezeichnet und bewahrt hat. So in Seebenstein, welchen Namen der Volksmund als »See an der Steinwand« erklärt, so auch in Aspang, das mit »Abspann« übersetzt wird – in Wahrheit ist jener Ort nach dem Gift-Wacholder (Sebenstrauch), dieser nach den Espen (Zitterpapeln) benannt. An eben dieser Stelle, gemeint ist Aspang, seien jene »Schiffe vertäut worden, welche die Waren aus Triest brachten«. Das verweist zum einen auf die wichtige Stellung des Marktes Aspang im Wechselland, zum anderen auf eine frühestmögliche Entstehungszeit der Sage, nämlich ins 18. Jahrhundert, als Karl VI. Triest zum Freihafen erhob. Die Wassersage ist zum Verständnis der Region wichtig. Der Hartbergweg, das war auf vielen Kilometern der Fluss Pitten selbst, auf dem flussaufwärts Waren getreidelt wurden.

MÖNICHKIRCHEN Ich breche in Mönichkirchen auf und fädle mich hinter dem Rasthaus Lang auf der niederösterreichischen Seite des Wechselpasses in den Grenzlandweg 07A ein. Auf dem Hügelkamm werde ich zwei alte Talübergänge kreuzen. Nach circa einem Kilometer passiert der Weg nämlich den alten Wechselpass. Dieser Übergang kam in Mode, nachdem die Semmeringstraße um 1200 zur wichtigsten Verbindung zwischen Wien und Graz aufgestiegen war. Die weiter östlich verlaufende, römerzeitliche Hartbergstraße, bis dahin der beliebteste Weg in den Süden, büßte ihre Vormachtstellung ein. Eine neue, gangbare Handelsroute musste gefunden werden, um nicht völlig ins Hintertreffen zu geraten.

Heute ist der alte Wechselpass ein Kreuzungspunkt verschiedener Weitwanderwege (02, 07A, alpannonia). Die Waldstraße macht hier einen unerwarteten Knick nach links, um gleich darauf wieder nach rechts abzubiegen (Richtung Gschaidt). Nun geht es leicht ansteigend in den Wald hinauf und bald aber wieder **PATRITZLKREUZ** hinab zum Patritzlkreuz am Hartberg. Zählt man diese Erhebung (918 m) zur Bucklingen Welt, dann ist sie der höchste Punkt dieses Gebirges, rechnet man sie zum Wechsel, behält der Hutwisch mit 896 m den Nummer-1-Status.

Hartberg hieß im 11. und im 12. Jahrhundert das gesamte Gebirgsmassiv Wechsel-Masenberg-Hartberg, es löste damals den frühmittelalterlichen Namen Witanesberg ab. Beide bezeichnen einen »Wald«, vermutlich einen »Eichenwald«, denn die Laubbaumgattung war vor 1.000 Jahren das bestimmende Gehölz am Alpenostrand.

Der Hartberg wurde schon vor 1200 und vielleicht schon zur Römerzeit als Passweg genutzt.

Mein nächstes Ziel ist Spital am Fuß des Hartbergs. Beim Patritzlkreuz mit seinem Aussichtsplatz (Bank und Infotafel) verlasse ich den Weg nach Gschaidt, der geradeaus weiterführt, und wende mich stattdessen nach rechts, und zwar in Richtung Ocherbauer. Es geht nun merklich bergab. Dort unten, im Wald verborgen, gibt es noch ein Wegstück der uralten Hartbergstraße – eine versunkene Strada del sole.

Zuvor muss ich an einem unheimlichen Ort vorbei, dem Kegelplatz. Hier haben sich die Mitglieder der »Stradafüßler«-Bande verborgen gehalten. Die aus Dutzenden »Schelmen« bestehende Gruppe war zu Fuß unterwegs und machte die Straßen unsicher. Die Habenichtse rund um den »Holzknechtseppl« Nikolaus Schmidhofer (1794–1828), seinen Vizehauptmann Joseph Michael Freiberger (1794–1827), »Geheimrat« Josef Koller (1801–1827), »Goldhaube« Georg Richter (um 1800–1827) und den »Fleischhackerhans« Johann Niesner (um 1778–1827) überzogen das Wechselland mit Mord, Raub, Quälerei, Diebstahl und Zerstörung. Ihr Wahlspruch lautete der Überlieferung nach: »Wen die

Niederösterreich und Steiermark

Das Patritzlkreuz markiert den Hartberg-Pass.

Arbeit nicht freut und wer den Galgen nicht scheut, der soll zum Holzknechtseppl geh'n, der braucht auch seine Leut'.«

Der Kegelplatz ist heute ein Parkplatz und Standort einer Schautafel des Historischen Vereins Wechselland. Ihren Namen soll die Stelle von der Sitte finsterer Gestalten gehabt haben, mit Totenköpfen »Kegel zu scheiben«. Das hiesige Gasthaus jedenfalls war ein Unterschlupf für Halsabschneider. Wie der Räuberhauptmann Johann Georg Grasel im nördlichen Waldviertel tauchte auch Schmidhofer jahrelang in einem Grenzgebiet unter, in dem es unterschiedliche Zuständigkeiten gab und die Strafverfolgungsbehörden nur langsam reagierten. Wie Grasel endete der ehemalige Waldarbeiter am Galgen. Er wurde in Pinkafeld hingerichtet, 14 Jahre nach seinem ersten Mord an einem Glaserer im Wechselland.

Den Kegelplatz erreiche ich über einen schmalen Waldweg, gleich nach der Abzweigung nach Tauchen. Nach dem Kegelplatz führt eine Waldstraße zu einer großen Wiese hinab und in großem Bogen um sie herum. Etwa 300 m nach Ende der Wiese gabelt sich der Weg: Der historische Hohlweg nach Spital führt rechts weg. Dass der Weiler Spital am Talgrund vor 1.000 Jahren ein wichtiger Stützpunkt für Kreuzfahrer und Pilger am Alpenostrand war – diese Vorstellung fordert den modernen Geist heraus. Die Dimensionen von »wichtig« und »bedeutend« waren andere als heute. Den Spitalbach aufwärts führt die Straße nach Tauchen an der steirischen Landesgrenze. Am Ortsende von Tauchen zweigt links der Rollbahnweg (Nr. 9) ab. Dieser leitet den Wanderer am Tauchenbach entlang hangaufwärts. Nach einer Brücke über das Gewässer empfehle ich den rechten Weg durch den Wiesengrund und nicht den Aufstieg durch den Bergwald (gelbes Hinweisschild) zurück nach Mönichkirchen.

Rückstände eines Seehafens habe ich auf dieser Wanderung zwar nicht gefunden, aber ein Tal, in dem Platz für Träume ist.

✕ SPITAL

✕ TAUCHEN

✕ MÖNICHKIRCHEN

Hartbergstraße

NIEDERÖSTERREICH UND BURGENLAND

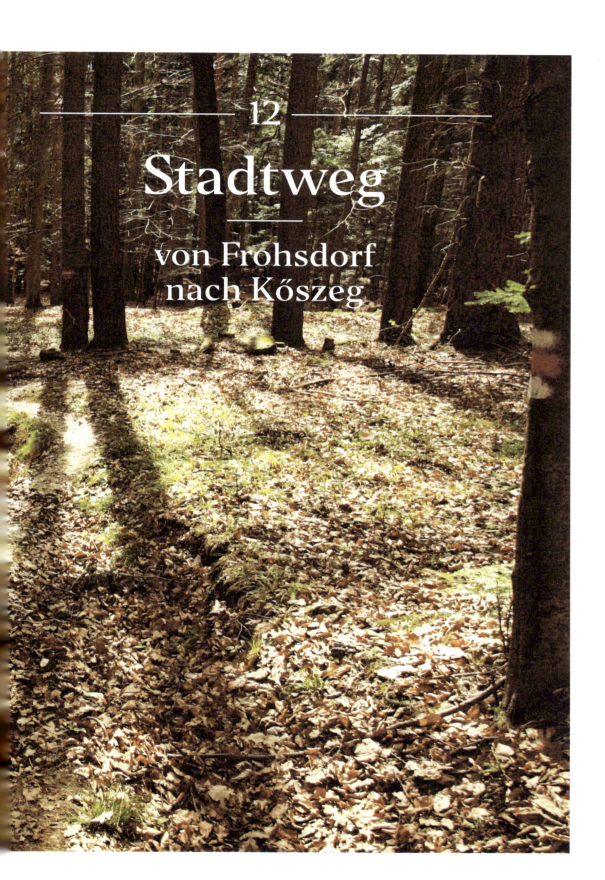

12
Stadtweg
von Frohsdorf nach Kőszeg

AM ABSTEIGENDEN AST DER ALPEN

Es ist nicht gewiss, aber die Vermutung liegt nahe, dass die Verbindung aus dem Steinfeld nach Szombathely schon in der Römerzeit genutzt wurde. Die Straße von Carnuntum nach Aquileia nahm diesen Weg östlich von Kőszeg auf. Dort überwand die römische Bernsteinstraße drei Flüsse: Rabnitz, Rading- und Stooberbach.

Aufstieg: 449 hm • Abstieg: 455 hm
Distanz: 58 km • Dauer: 16 h

HISTORISCHE NAMEN
Statweg • Stadtweg • Hochstraße nach Neustadt
Hoch- auch/oder Kühwaldstraße • Judensteig

1. Der Wechsel und die **Bucklige Welt** setzen den Zug der Zentralalpen nach Osten hin fort, ehe das Land in die Tiefebene absinkt.

2. Die Wege in der Buckligen Welt und in den Landseer Bergen führen über **Höhenrücken.** Der Gang durch die Gräben war zu mühselig.

3. Der Wortteil Stadt- in Stadtweg zeigt, dass diese Strecke auf **Wiener Neustadt** ausgerichtet war.

4. Ehe der Stadtweg bei Kőszeg in die Bernsteinstraße mündete, zweigte in Wolkersdorf ein Weg ins Schwarzenbach- und Stooberbachtal ab – eine **Schmugglerroute.**

5. Die **Burg Landsee** – eine Gründung der Grafen von Pitten im 12. Jahrhundert – liegt auf dem Höhenrücken zwischen Neudorf und Landsee. Sie schützt weniger die Ortschaften als vielmehr den Handelsweg.

5 Fakten

HISTORISCHE BEDEUTUNG

Die Bezeichnung »Bucklige Welt« ist rund 100 Jahre alt. Im 12. Jahrhundert hieß das Grenzland Pittener Wald, »Silva putinensis«. Der Fernhandel lief über die Hartbergstraße und später auf der Semmeringstraße, der Stadtweg war eine nur lokal bedeutende Nebenstraße. Der Topograf Franz Xaver Schweickhardt notierte zu Hochwolkersdorf lapidar: »... führt eine Straße durch nach Wiener Neustadt.«

Darstellung des Erzherzogthums Österreich unter der Ens, 2. Band, 1831.

DER LANGE GANG

»Im ganzen Umkreise sind hohe Berge, über die beschwerliche Wege führen.« So sah der Topograf Franz Xaver Schweickhardt Hochwolkersdorf im 19. Jahrhundert. Ich bewältige die Bucklige Welt solo im Spätwinter. Der Aufstieg von der Tiefebene bis ins Mittelgebirge vollzieht sich langsam, kein Hochgebirge verstellt mir die Sicht (Ich habe keine Ahnung, was Schweickhardt gesehen hat), kein Gewerbegebiet vergällt mir die Laune, die Wälder warten geduldig in den Talsohlen und Gräben, bis sie an der Reihe sind, entdeckt zu werden. Kein zweiter Wanderer kreuzt meinen Weg, dieses Gebirge ist einsame Klasse.

Über Hochwolkersdorf behauptete Schweickhardt weiters: »Das Klima ist sehr scharf, übrigens aber gesund, auch das Wasser gut.« Hochwolkersdorf, meinte er, habe seinen Namen von der natürlichen Lage erhalten, da es am hohen Berge, gleichsam an den Wolken liege. Nicht der einzige bemerkenswerte Ort an dieser Straße.

Der Name des Ortes **Frohsdorf,** ehedem Froschdorf, am Rand des Wiener Beckens ist eines zweiten Blickes würdig. Er beruht auf einem alten »Chrotendorf« (1158), Krötendorf. Menschen, die zuerst einen Platz besiedeln, achten auf das gehäufte Auftreten der geräuschvollen Tiere. Froschauen und Froschentäler gibt/gab es in Wien (beim Stubentor), Niederösterreich und Kärnten.

Der **Kuhwald** zwischen Schleinz und Hochwolkersdorf erinnert an die einst so wichtige Waldweide. Die Tiere wurden in den Wald getrieben und verbissen das Jungholz. Ein krautreicher, lichter Mischwald mit lockerer Strauchvegetation war das Ergebnis. Östlich des Waldes liegt der **Kuh-Berg.** Derartige Kuh-Namen sind seit dem 15. Jahrhundert bekannt.

Der Flurname »Hard« in all seinen Abwandlungen meint so einen Wald. Ebenso: Kuhberg und Kuhwiese.

Wer im Kuhwald etwas zu erledigen hatte oder Verwandte im Tal von Klingfurth besuchte, bog nahe Hochwolkersdorf vom Stadtweg in den **Stiefelrahmweg** ein. Gemeint sind feste Stiefel aus Leder mit Rahmensohlen, die man hier brauchte oder verschliss.

Im Ortsnamen von **Hochwolkersdorf** steckt ein gewisser Wolfcher, der 1165 urkundlich erwähnt wird. Der erste Wortteil Hoch- lässt sich bis ins 16. Jahrhundert zurückverfolgen (»Hohen Wulckherstorff«).

Stadtweg

Wandern auf dem Stadtweg Riegel, Wald und Graben – von Wiesmath nach Schwarzenberg

12,4 km · 3 ¼ h · rd. 370 hm im Auf- und Abstieg · leicht

Teilstrecken: Wiesmath (695 m) 10 MIN Mäuserriegel 1 H 20 MIN via Beistein nach Schwarzenberg (666 m) ½ H Sommerhäuser (655 m) ½ H Lehen (640 m) 40 MIN Wiesmath (695 m)

Bevorzugte Jahreszeit: ganzjährig

Ausgangspunkt: Hauptplatz von Wiesmath

Talort: Schwarzenberg

Aussichtspunkte: Mäuserriegel, Beistein, Schwarzenberg, Sommerhäuser

Stützpunkt: Kaffee Kisterl, Hauptstraße 14, Wiesmath, T.: +43 (0) 2645/22462

Charakter: Auf dem Hochplateau zwischen Wiesmath und Schwarzenberg gibt es viel offene Flur und dichte Wälder. Wem der Gipfel fehlt, wird durch die Fernsicht entschädigt.

Variante: Von den zehn Wanderwegen der Gemeinde Wiesmath ist der hier vorgestellte Rundweg der längste (Nr. 10); der kürzere Weg Nr. 4 führt vom Marktplatz in einem Bogen östlich der Ortschaft zum Sperkerriegel und wieder zurück (2 h).

Anreise: A2/Knoten Seebenstein, B54 bis Scheiblingkirchen, L144 via Bromberg und Schlatten nach Wiesmath

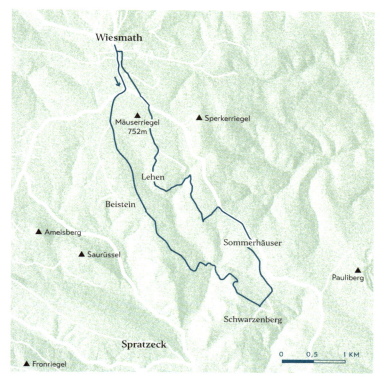

WEGGESCHICHTE KURZ UND BÜNDIG

Der bis heute gebräuchliche Name »Stadtweg« bezieht sich auf Wiener Neustadt und stammt aus dem 16. Jahrhundert. Ursprünglich handelte es sich um einen römerzeitlichen Verbindungsweg zwischen dem südlichen Steinfeld und der pannonischen Metropole Savaria (Szombathely).

WEGBESCHREIBUNG

Ein Körnchen Wahrheit steckt in der Gründungssage von Wiesmath. Einer der ersten Siedler mähte die Wiesen auf einem der Hügel an der Straße von Wiener Neustadt nach Kőszeg in Ungarn. Das Heu verkaufte er an die Fuhrwerker. Eingehüllt in eine Wolke aus Schweiß und Kumarin hielt er seinen Arbeitsrhythmus stundenlang durch. Der Wind bog die Halme wie Wellen das Seegras im Meer, das am Ende der Straße, die an seinem Hof vorbeiführte, lag. Doch den Heumacher zog es nicht fort, sein Leben war hier. Da schlug die Sense an einen harten Gegenstand. Eine Scharte mehr, die er auszuklopfen hatte? Nein, es war eine Steinfigur des Jesulein, dessen Stirn durch die Klinge verschrammt war! Ein Händler hatte sie vermutlich verloren – oder war es ein Wunder? An jener Stelle wurde jedenfalls die Kirche von Wiesmath errichtet.

Wahr an dieser Legende ist, dass die Wiesen an dieser Straße gemäht und nicht beweidet wurden. Die Heumahd gab dem Ort Wiesmath seinen Namen.

Die Wiese des ersten Bauern ruht heute unter den Pflastersteinen und dem Asphalt des Hauptplatzes von Wiesmath. Grasklumpen, verschleppt von den Reifen eines Traktors, kleben an den Sohlen meiner Bergstiefel. Ich verlasse das Ortszentrum und marschiere nach Süden, zum Mäuserriegel.

✕ WIESMATH

✕ MÄUSERIEGEL

Stadtweg

Der alttestamentarische Name Moses ist in Österreich seit dem 16. Jahrhundert belegt – als Taufname im Sinne von Bibelgläubigkeit. Wegen der Nähe zu den »Heiligen Siebengemeinden« des Burgenlandes erscheint mir ein früherer jüdischer Besitzer dieser Flächen nicht ausgeschlossen.

Heinrich Moses, Aus der Waldmark: Sagen und Geschichten aus dem Rax-Semmering-, Schneeberg- und Wechselgebiete, 1894.

Siehe vorige Anmerkung.

Peilsteine sind steil aufragende, pfeilerartige Berge, die einem die Sicht verstellen. Solche Pfeiler gibt es in der Buckligen Welt nicht. Die Lösung findet sich in der ersten urkundlichen Nennung des Ortes (1419): »Peylstainer ambt«, also das zu Peilstein gehörende Amt (ein Waldbezirk).

SCHWARZENBERG

SOMMERHÄUSER

LEHEN

Der Name hat über die Jahrhunderte viele Schreibweisen erlebt. Mausberg heißt er in der Nikolaus-Kellermann-Karte von Niederösterreich (1801–1804). In der frühesten staatlichen Landkarte (1773–1781) lautet der Name der Erhebung »Moise Rigl«, eine spätere Schreibung ist Moises.

Der Name Moses kam in der Gegend vor. Heinrich Moses beispielsweise war ein Lehrer, Volkskundler und Sammler. Seine Beschreibung der Buckligen Welt aus dem späten 19. Jahrhundert habe ich im Kopf, als ich beim Weißen Kreuz nach rechts abbiege und der Landesstraße nach Geretschlag rd. 200 m folge. »Bucklige Welt! So nennt man das halbvergessene Ländchen mit seinem eigenartigen Gepräge dort im südöstlichsten Winkel Niederösterreichs.«

Ich verlasse die Landstraße und nehme den Güterweg nach Beistein. Nach etwa 0,5 km gehe ich von der Schotterstraße ab und zweige beim Roten Kreuz nach links auf einen Feldweg ab. Moses schwirrt mir im Kopf herum, ein Freund der Geschichte, der hier »an den vielen, aus einer bewegten Zeit stammenden Schlössern und Burgtrümmern Gelegenheit fand, seine Gedanken hinzuleiten in die ereignisreiche Vergangenheit dieses Erdenwinkels«.

Für einen großen Burgenbau war diese Straße nicht bedeutend genug. Westlich von Schwarzenberg, dem nächsten Etappenziel, gibt es einen »Hausberg«, auf dem vermutlich einmal eine kleine Grenzbefestigung stand. Der Güterweg führt unterhalb des Ortes Beistein in Wald und Graben hinab. Bei einem Hochstand auf ca. 560 m folge ich nicht der Forststraße, die nach rechts in Richtung der Landesstraße wegführt, sondern gehe auf einer kaum kenntlichen Wegspur in den Graben hinunter. Diesen Zufluss des Hirschauer Bachs furte ich auf rund 540 m Seehöhe. Beim Aufstieg nach Schwarzenberg sind mehr als 100 Höhenmeter zu überwinden, die »reizende Fernsicht« entlohnt reichlich für die Anstrengung und ist keine dichterische Übertreibung Moses'.

Kurz vor der Dorfkirche St. Anna wende ich mich nach links und wandere zur Landesstraße hinüber, welche am Fuß des Hausberges zur anderen Talseite ansteigt. Kurz vor der Straße biege ich links in einen Feldweg ab und folge diesem bis zu der Siedlung Sommerhäuser. Nun folgt ein Marsch von ca. 1 Kilometer entlang der Straße, der in einer Kurve vor einer Häusergruppe endet. Ein Güterweg zweigt links ab. Hier, unmittelbar neben einer Wiese, beobachte ich ein Wiedehopf-Paar. Lange können die Zugvögel noch nicht wieder im Land sein, so früh im Jahr. Von den nahen Waldarbeitern und ihren »Holzschleifereien« lassen sich die seltenen Tiere nicht stören.

Hinter der Siedlung Lehen finde ich die Spur, die mich auf der östlichen Hangseite des Mäuserriegels zum Ausgangspunkt zurückbringt. Der Kirchturm von Wiesmath taucht über dem

Hügelrand auf. »Hier regieren Peter und Paul«, haben die Bauern einst den Kuruzzen zugerufen. Davon berichtet die Sage über die lokalen Kirchenpatrone. Beeindruckt hat den Anführer der Eindringlinge demnach die Fertigkeit eines gewissen Loisl, der ihm ein eben serviertes Huhn mit einem Armbrustbolzen aus der Hand schoss.

Ich sage Servus zu meinen eiskalten Händen, aber die grüßen nicht mehr retour. Höchste Zeit, mich in das kommode Café auf der Hauptstraße zurückzuziehen.

• Wir sind dieser Sage in Graz begegnet, im Zusammenhang mit den Türkenkriegen. Aus der Schwedenzeit stammt eine ähnliche Geschichte, die im Straßertal spielt.

✕ **WIESMATH**

Zwischen Schwarzenberg und Sommerhäuser taucht der Weg tief in eine Waldschlucht ab.

NIEDERÖSTERREICH UND BURGENLAND

13
Weiße Straße

von Petronell-Carnuntum
nach Frankenau

DIE BERNSTEINROUTE

Die Bernsteinstraße war eine außeralpine Verkehrsader des römischen Imperiums. Auf ihr wurden Truppen an die Donau verlegt und der Handel mit den Barbaren abgewickelt. Die Straße war schon alt, als sie im 1. Jahrhundert n. Chr. ihre Hochblüte erlebte.

Aufstieg: 305 hm • Abstieg: 295 hm
Distanz: rd. 90 km • Dauer: 22 h

HISTORISCHE NAMEN
Weißer Weg • Karststraße • Via Antica
La Strada per la Pannonia

[1] Diese nach einem neuzeitlichen Besitzer benannte Straßenkarte fußt auf der antiken Weltkarte des Agrippa bzw. einer um 435 n. Chr. entstandenen Version davon.

1. Carnuntum war eine antike Großstadt. Kaiser Hadrian (117–138 n. Chr.) verlieh ihr den Rang **»municipium«**, selbstverwaltete Stadt.

2. Carnuntum war ein **Verkehrsknoten** ersten Ranges.

3. Nördlich der Donau setzte sich der Bernstein-Handelsweg durch die mährische Pforte bis zur Ostsee fort.

4. Der Verlauf der Fernstraße von Carnuntum nach Aquileia ist dank der **Tabula Peutingeriana**[1] bekannt.

5. Bernsteinstraße ist eine **gelehrte Bezeichnung** aus dem 19. Jahrhundert. Sie spielt auf den römischen Schriftsteller Plinius an, der berichtet, welchen Weg das »Gold des Nordens«, das Bernstein, an die Adria-Küste nahm.

5 Fakten

HISTORISCHE BEDEUTUNG

Wie nennen wir sie denn? Nord-Süd-Fernstraße? Reichsstraße Aquileia-Carnuntum? Transeuropeana? Die ca. 1.700 km lange Handelsstraße zwischen Ostsee und Adria hatte schlicht keinen Namen. Ich vermute, die Bernsteinroute war für ihre Zeitgenossen einfach »die Straße« oder die »Pannonische«. Jedem war ungefähr klar, auf welchem Weg eine Ladung Roh-Bernstein aus dem Norden herunterkam. Bernstein war das Luxusgut der Eliten. Homer besang in der Odyssee ein königliches Halsband: »Golden, besetzt mit Elektron, der strahlenden Sonne vergleichbar!«

DIE FARBE DES WEGES

Nicht Porzellan – Bernstein war der Premiumartikel im römischen Supermarkt. Nach dem fossilen Harz gelüstete es der Bäuerin genauso wie dem Patrizier. Dennoch ist die Bernsteinstraße in der Überlieferung der weiße Weg und nicht der goldene. Daran ist auch die Geologie schuld.

Die ältesten Gesteine im Untergrund des Burgenlandes sind zwar Granitgneise und Glimmerschiefer. Wird eine Straße gebaut, stößt man aber auf den hellen Leithakalk, der im Tertiär abgelagert wurde.

Wie kam es zum Namen Weißweg? Die mit hellem Gestein geschotterte Marschier- und Fahrstraße erweckte bei den Anrainern den Eindruck einer blanken, weil graslosen, weißen Linie inmitten der Braun- und Grün-Töne von Weingärten, Wiesen und Weiden.

Heidentor 1. Der ursprünglich für den römischen Kaiser Constantinus II. in den Jahren 350–360 n. Chr. errichtete Triumphbogen bei Carnuntum ließ die Menschen im Mittelalter ratlos zurück. Was war das? Ein Tor? Ein Selbstbedienungs-Steinbruch? Teufelswerk? Ein Dominikaner-Mönch verfasste im 13. Jahrhundert eine frühe »Beschreibung deutscher Länder«. Er hielt das damals vielleicht noch auf vier Pfeilern ruhende Tonnengewölbe inmitten der flachen Landschaft für ein Mausoleum des Riesen Theutos.

• Descriptio Theutoniae

Heidentor 2. Das Heidentor steht im Zwickel zweier Verkehrswege: der Heeresstraße am Donau-Limes, die in Ost-West-Richtung verläuft, und der großen Nord-Süd-Passage, der Bernsteinroute. Traditionell wird alles Römische für heidnisch gehalten und so genannt. Ironischerweise ist das Heidentor ein Symbol des triumphierenden Christentums. Constantinus II. verbot 354 n. Chr. alle anderen Kulte. Weihesteine und Altäre der nunmehr »heidnischen« Religionen wurden im Heidentor verbaut.

Weissweg. Nördlich von Winden am See und in Neckenmarkt findet man im Franziszeischen Kataster aus dem Jahr 1856 den Flurnamen Weissweg bzw. Weissenweg. Die Anbauflächen liegen an der Südabdachung des Leithagebirges bzw. im südlichen Vorland des Ödenburger Gebirges und grenzen an die Bernsteinroute.

Wandern an der Weißen Straße
Königsberg bei Winden

8,4 km · 2 h · 185 hm im Aufstieg, 176 hm im Abstieg · leicht

Teilstrecken: B50 (Eisenstädter/Neusiedler Straße) Ecke Stiftgasse in Winden am See (128 m) – Gritschmühle (138 m) – Güterweg Trift 1H Königsberg (286 m) 1H Kreuzung Brucker Straße (203 m) – Brucker Straße – Winden am See (128 m)

Bevorzugte Jahreszeit: Frühling, Herbst

Ausgangspunkt: B50/Stiftgasse in Winden am See

Talort: Winden am See

Aussichtspunkte: Königsberg; Hackelsberg (östlich von Winden)

Stützpunkte: Bacchuskeller, Am Kirchberg, Winden am See, T.: +43 (0) 664/73 49 44 15; Zum Weitzer, Kreuzgasse 17, Winden am See, T.: +43 (0) 699 12295192

Charakter: Alpines Flair suchen Sie hier vergeblich, aber die dem See zugewandten felsigen Hügelkuppen und das angenehme pannonische Klima üben seit jeher eine große Anziehungskraft auf Fremde aus.

Variante: Östlich von Winden liegt der Hackelsberg (Teil des Natura 2000-Gebietes Neusiedler See-Leithagebirge), eine dem Leithagebirge vorgelagerte Hügelgruppe, die steil zum Seevorgelände abfällt. Sie können diese umrunden oder überqueren. Ziel- und Umkehrpunkt ist der benachbarte Weinort Jois.

Anreise: A4 / Abfahrt Neusiedl am See, B50 Winden am See

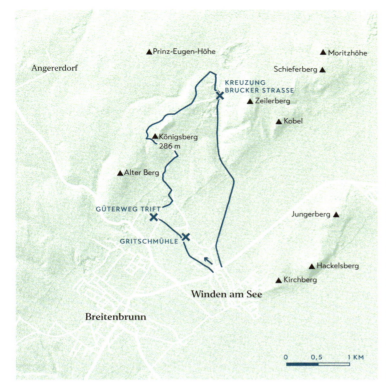

WEGGESCHICHTE KURZ UND BÜNDIG

Die römische Fernstraße verlief in Nord-Süd-Richtung zwischen den Abhängen des Leithagebirges und dem Schilfgürtel. In diesem Hinterland von Carnuntum und Sopron lagen viele Villen und Gutshöfe, eine römische Kleinstadt (Vicus) befand sich zwischen Winden und Breitenbrunn.

WEGBESCHREIBUNG

Zwischen Breitenbrunn und Winden am See zweigte ein Ast der römischen Bernsteinstraße nach Nordwesten ab. Den Durchlass, zwischen Königsberg und Zeilerberg gelegen, nutzten die Erbauer, um das Leithagebirge zu überqueren. Die Linie »Bruckergasse-Siedlung ›Gruibert‹-Zeilerbrunnen« ist bis heute nachgehbar. Im 1. und 2. Jahrhundert nach Christi Geburt gab es in Winden eine große ummauerte Raststätte und ein Landgut, eine Villa Rustica. »Ulmo«, eine namentlich bekannte Herberge an der römischen Reichsstraße, wird hier vermutet. Sie ist in der antiken Straßenkarte Tabula Peutingeriana zu sehen. Den Wegverlauf markieren auch die Flurnamen »Hochfelder« und »Weißweg«, die im Franziszeischen Kataster von 1856 eingezeichnet sind. Das schaue ich mir an!

Von der B50 schlendere ich in nördlicher Richtung durch die Stiftgasse zur Gritschmühle. Nahe dem Museum Wander Bertoni haben Archäologen in den 1950er-Jahren ein Quellheiligtum ausgegraben. Gefunden wurde eine steinerne Quellfassung und ein dem Jupiter gewidmeter Weihealtar, gestiftet von Aelius Firminus, berittener Leibgardist des Statthalters von Oberpannonien, und seiner Frau Septimia Maximilia.

An Winden haftet die Sage vom Hexenbründl. Sie gehört aber nicht zur Gritschmühle, sondern zu einer Quelle, die am seeseiti-

• Die älteste Nennung von Winden (1217) ist ein slawisch-deutsches Doppelwort. Der slawische Teil bedeutet Rohr oder Schilf, der deutsche Namensbestandteil Winden wird wahlweise von der Pflanzengattung »Winde« oder von den Wenden, den Slawen, abgeleitet.

✕ WINDEN AM SEE
✕ GRITSCHMÜHLE

Weiße Straße

gen Ufer des Hackelsbergs zutage tritt. Dort tummeln sich Hexen. Die pannonischen Zauberwesen sind schreckhaft, sie baden in der Quelle und verwandeln sich in Gänse, wenn ein Wanderer in die Hände klatscht. Nach anderer Lesart treiben die Hexen Schabernack mit den Menschen der Umgebung.

Der Berg über ihrer Quelle wird auch Hexenberg genannt. In ihm ruht angeblich ein goldener Hirsch, ein Schatz, der zu heben ist und der von Zwergen bewacht wird. Dass ein unscheinbarer Hügel im Nordburgenland mit einer Schatzlegende verbunden ist, finde ich bemerkenswert. Es mag Wunschdenken des Erzählers sein: Aber unterstreicht eine Schatzlegende nicht die einstige Bedeutung des Platzes? Zum Verständnis: Der Raum zwischen der Windener und der Joiser Heide ist seit der Bronzezeit durchgehend besiedelt.

> Der Hackelsberg hieß im 18. Jahrhundert Hakles Berg.

> Eine vergleichbare Geschichte kenne ich aus Trattenbach im Wechselgebiet. Dort ruht ein goldener Ochse im Gebirgsstock. In Trattenbach wurde ab dem 16. Jahrhundert mit mäßigem Erfolg nach Gold und Silber geschürft.

Der Hirsch ist im Märchen nicht nur ein Wächter, auf seinem Rücken reitet man in die Anderswelt. Er ist ein Bote zwischen Göttern und Menschen.

GÜTERWEG TRIFT

Zurück ins Hier und Jetzt: Am Ende der Stiftgasse biege ich vor der Gruibert-Siedlung nach rechts auf einen Güterweg ein und folge diesem in östlicher Richtung; links blühen die Adonisröschen, rechter Hand blitzt das Wasser des Neusiedler Sees in der Frühlingssonne. Bei den nächsten beiden Gelegenheiten heißt es, jeweils den Weg bergauf wählen und nicht schnurstracks weitergehen. Bei der letzten Weggabelung geht es nicht mehr geradeaus, ich bin am Rand des Waldes angekommen. Hier nehme ich wieder den ansteigenden, linken Pfad, der mich zum Hügelkamm bringt. Ehe der Weg dort in eine Waldstraße mündet, führt eine Spur rechts in die Westflanke des Königsbergs hinein.

KÖNIGSBERG

Auf dem Königsberg stand eine Signalstation des römischen Heeres, um die Straße zu überwachen. Der Hügel erreicht zwar nur bescheidene 286 m, doch das genügte. Vom Königsberg aus sah man bis zum Kastell auf dem Wartberg bei Höflein im Norden – dort bog ein Ast der Bernsteinstraße nach Carnuntum ab. Eine Sichtbeziehung zum Hackelsberg besteht ebenfalls.

> Josef Stern, Wege um die Bernsteinstraße, 2008.

Mein Weg führt mich nun im Norden um den Königsberg herum und mündet in einer breiten Waldstraße. Die Strecke bildet die Grenze zwischen dem Heiligenkreuzer Wald und dem Truppenübungsplatz Bruckneudorf zum Windener Königsberg. Ihr folge ich ca. 2 km bis zum Zusammentreffen mit der aus Winden kommenden Brucker Straße. Auch die Bernsteinstraße erreichte diesen Punkt. Ihren weiteren Verlauf über das Bäckerkreuz nach Bruckneudorf kann man heute nur an übungsfreien Tagen verfolgen.

WINDEN

Der ca. 4 km lange Rückweg nach Winden passiert die Zeilerquelle und die Bärenhöhle. Das Tal weitet sich zum See hin und endet schließlich in einer weiten Ebene.

Geradlinig strebt die Brucker Straße auf den Höhenrücken des Leithagebirges zu.

Vom Gipfel des Königsbergs aus ließ sich die Bernsteinstraße (Hainburger Straße) überwachen.

Wandern an der Weißen Straße
Wein-Stein-Weg bei Neckenmarkt

8,5 km · 2,5 h · 123 hm im Aufstieg, 131 hm im Abstieg · leicht

Teilstrecken: Neckenmarkt-Friedhof (230 m) ¼ H Florianikapelle (216 m) ¾ H David-Ranch am Kühberg (220 m) – Weingartenkapelle (Hl. Donatus) (274 m) – Ungarischer Wachturm – Galgenberg (255 m) 1½ H Neckenmarkt-Friedhof

Bevorzugte Jahreszeit: Frühling, Herbst

Ausgangspunkt: Friedhofskapelle Neckenmarkt

Talort: Neckenmarkt

Aussichtspunkte: Kühberg, ungarischer Grenzturm, Galgenberg

Stützpunkt: Gasthof zur Traube, Herrengasse 42, Neckenmarkt, T.: +43 (0)2610/42256

Charakter: Der Wein-Stein-Weg auf Gras, Schotter und Asphalt ist keine klassische Wanderroute mit Gipfelsieg und Hüttenrast, sondern ein Kulturpfad. Die Weinsteine geben Auskunft über die Rebsorten (Blaufränkisch, Merlot, Zweigelt und St. Laurent) und das Terroir sowie die jüngere Geschichte der Region.

Variante: Unterhalb des ungarischen Wachturms bei der Weingartenkapelle führt ein Güterweg zum seit 1996 bestehenden Naturwaldreservat »Lange Leitn« hinauf.

Anreise: A3/Knoten Eisenstadt, S31/Weppersdorf-Markt St. Martin, B62 bis Horitschon, der Bahnstraße Richtung Neckenmarkt folgen.

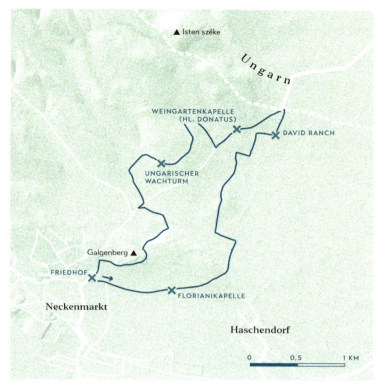

WEGGESCHICHTE KURZ UND BÜNDIG

Die Riede »Weißer Weg« erinnert an die Bernsteinstraße. Dieser vor allem in den ersten Jahrhunderten nach Christi Geburt viel begangene Verkehrsweg verband Carnuntum an der Donau mit der oberpannonischen Kapitale Szombathely (Savaria) und berührte in seinem Verlauf das Gebiet des mittelburgenländischen Weinortes Neckenmarkt. Fernziel war Aquileia.

WEGBESCHREIBUNG

Ohne viel Federlesens aufbrechen, nur leichtes Gepäck mitführen, was halten Sie davon? Eine Wasserflasche, die Kamera, das unvermeidliche GPS, was braucht man auf einer Rundwanderung in den Weinbergen sonst noch? Zeit zum Beispiel! Auf dem Wein-Stein-Weg, der mich vom Friedhof zunächst in östlicher Richtung durch die Karl-Heincz-Gasse zur Florianikapelle, »oft« (burgenländisch für »dann«) an Samersdorf vorbei zur Staatsgrenze auf den Kühberg bringt, anschließend in weitem Bogen zur Weingartenkapelle geleitet und endlich über den Galgenberg zurück nach Neckenmarkt führt, geht mir der Lesestoff nicht aus. Der Pfad ist nämlich gespickt mit rostfarbenen Infotafeln, die auf Steinen aus dem lokalen Steinbruch befestigt sind. Darauf finden sich in erster Linie vinologische Angaben, aber auch die eine oder andere zeitgeschichtliche Notiz.

× NECKENMARKT-FRIEDHOF

Wo bleiben Sie denn? Ich bin längst losgegangen. Sie werden mich aber bald einholen, ich stehe keine 1.000 m vom Ausgangspunkt der Tour, bei einer barocken Kapelle. Die Stelle ist mit einer Sage verbunden. Ein junger König soll bei einem Wettstreit mit samt seinem Pferd hier umgekommen sein, als er versuchte, den damals noch bestehenden Teich zu überspringen. Er stürzte in das drei Meter tiefe Gewässer und versank. Der Legende nach kam der König vom Galgenberg heruntergaloppiert, einem niederen

× FORIANIKAPELLE

Ausläufer des Ödenburger Gebirges. Trotz dieses Anlaufs bezahlte er seinen Ehrgeiz mit dem Leben, weil sein Pferd scheute. Seltsamerweise kennt das Märchen die genaue Tiefe des Wassers, schweigt sich aber darüber aus, warum niemand dem König zu Hilfe eilte. Jedenfalls hieß der Tümpel nach diesem Unfall »Königsteich«.

Die Legende markiert ein altes Straßenkreuz. Die Lage heißt »Weißer Weg/Oberläng«. Hier traf die Bernsteinstraße auf den Weg nach Samersdorf, das 300 m östlich der Kreuzung lag und im Mittelalter Semlesdorf hieß. Als die Siedlung längst in Kriegswirren untergegangen war, errichtete 1661 Fürst Pal I. Esterházy de Galantha ein dreistöckiges Jagdschloss. 1729 bereitete sich hier Franz I. Stephan von Lothringen auf Einladung von Kaiser Karl VI. auf die Übernahme der Regierungsgeschäfte vor. Der Tod seines Vaters Leopold von Lothringen habe »auf das Gemüthe des neuen Herzogs einen sehr starken Eindruck gemacht. So nahm der Kaiser ihn mit auf die Jagd nach Samersdorf, und suchte ihm auf alle Art eine Veränderung zu machen«. Das berichtet der Chronist Johann Friedrich Seyfart.

Vom Königsteich, diesem Märchenwasser des Mittelburgenlandes, ist heute nichts mehr zu sehen. Das Gebiet um die Florianikapelle war in der Barockzeit noch sumpfig. Das deutet die Josephinische Landkarte durch blaue Striche an – Ungarn wurde von 1782 bis 1785 genau kartiert. Schon Mitte des 19. Jahrhunderts war der Morast verschwunden, anstelle der Feuchtwiesen zeigte der Franziszeische Kataster aus dem Jahr 1857 den Mühlbach, der zum Schloss Samersdorf floss.

Was fehlt noch? Augen im Hinterkopf!

Die Hänge des Ödenburger Gebirges umgeben Neckenmarkt wie die Ränge eines Amphitheaters. Auf den Weinbau-Terrasse brummt es wie im Bienenkorb. Alles, was eine Schere hält, ist draußen, um die Reben auszulichten, Laster befahren die Güterwege. Die verschlungene Linienführung des Wein-Stein-Wegs erlaubt es, dem Trubel auszuweichen.

Nach einem 1990 angelegten Grillplatz erreichen Sie die Kreuzung mit dem aus Haschendorf kommenden Weg. Aus den möglichen Routen habe ich einen Zick-Zack-Kurs gewählt: Erst folgt man dem Bachlauf ca. 250 m nach Westen und biegt dann auf der Höhe einer Holzbrücke rechts in einen Grasweg ein, der durch die Riede Fuchsberg, Satz, Hochberg zur Staatsgrenze auf dem Hügelkamm leitet.

DAVID-RANCH

Bei der David-Ranch, einem Viehzuchtbetrieb, stoßen Sie auf den Harkauerweg, der Neckenmarkt mit Harka verbindet. Sie folgen dieser Straße in südwestlicher Richtung, biegen aber bald vom Hauptweg nach rechts ab. Ihr neues Ziel ist die Donatus-Ka-

WEINGARTENKAPELLE

pelle (»Weingartenkapelle«, 1735 errichtet), von der aus Sie die südliche Tiefebene und die Bewegungen auf der Straße ausspähen. Ein ungarische Grenzturm aus der Zeit des Kalten Krieges im weiteren Wegverlauf dient der besseren Aussicht. Der Turm kam 1992 nach einem Gemeinderatsbeschluss nach Neckenmarkt. Die touristische Nachnutzung solcher Symbole des Kalten Krieges ist eine burgenländische Eigenheit. Im Sandeck bei Illmitz steht ein 1994 wieder errichteter Wachturm und die Sonnenbergwarte bei Hornstein thront seit dem Jahr 2000 auf dem höchsten Punkt des Leithagebirges.

✕ UNGARISCHER WACHTURM

Kurz nach diesem Blickpunkt gabelt sich die Straße. Der rechte Hohlweg führt bergauf in Richtung »Lange Leitn«-Wald, an der Franziskuskapelle vorbei. Der linke Ast zieht durch einen Hohlweg die Anhöhe hinab zu einer Wegkreuzung. Geradeaus geht es auf der Landesstraße nach Neckenmarkt zurück. Haben Sie die Informationen über Wein durstig gemacht? Ich weiß nicht, was Sie vorhaben, aber ich genehmige mir vor der Einkehr noch einen »Schlenker« über den Galgenberg. Ein lohnender Umweg: Trotz seiner nur 255 m Höhe blickt man von dieser gewesenen Richtstätte weit in das Land hinein. Wer würde von hier aus nicht nach Süden reisen wollen?

✕ GALGENBERG

✕ NECKENMARKT

Nächst der Landesgrenze bei Neckenmarkt markiert ein Kreuz den ehemaligen Eisernen Vorhang.

Weiße Straße

STEIERMARK

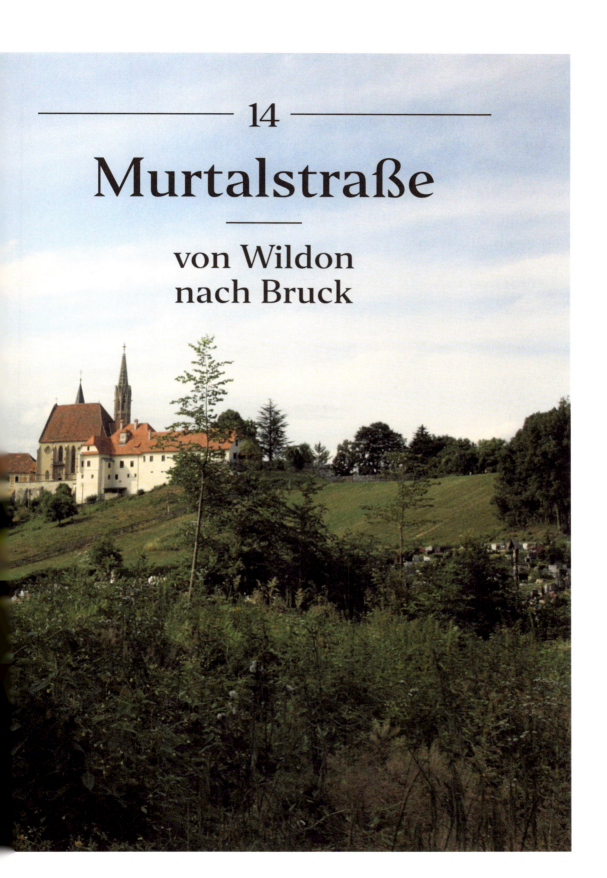

14
Murtalstraße

von Wildon
nach Bruck

ZWISCHEN FELSEN UND FELDERN

Die Murtalstraße stammt aus römischer Zeit, der exakte Verlauf der Trasse wird an vielen Stellen diskutiert. So im Grazer Feld, in welches die Römerstraße über den Kehlsberg westlich von Wildon vorstieß. Vom Mur-Knie bei Werndorf querte die Straße die Ebene in nordnordwestlicher Richtung, auf den östlichen Ausläufer des Plabutsch zuhaltend.

Aufstieg: 364 hm • Abstieg: 219 hm
Distanz: 78 km • Dauer: 21 h

HISTORISCHE NAMEN
Mitterstraße • Straße nach Thalerhof • Tiefer Weg • Waldweeg
Straße von Gratz nach Prugg • Feldweg nach Adriach
Straße von Prugg nach Fronleuthen

1 Thuri Lorenz, Straßenverbindungen im Ostteil von Noricum, 1993.

1. Der älteste Weg verlief am **rechten Murufer** durch das enge Flusstal. Erst mit dem Aufstieg von Graz gewann der Weg am linken Ufer an Bedeutung.

2. Auf steirischem Boden gab es nur eine römische Stadt: **Flavia Solva** erhielt unter Vespasian das Stadtrecht.

3. 1937 wurde in **Forst-Thalerhof** in 60 cm Tiefe eine »gut geschotterte, 7 m breite römische Straße« ausgegraben.[1]

4. Auf der Murtalstraße wurden **Eisen und Salz** nach Süden verfrachtet bzw. verschifft. Nach dem Norden wurden **Wein und Venedigerwaren** geliefert.

5. Graz gehörte in der frühen Neuzeit zu den ersten Postzentren des Reichs. 1573 wurde ein innerösterreichischer **Postkurs** von Graz nach Venedig eingerichtet.

5 Fakten

HISTORISCHE BEDEUTUNG

Von der Bernsteinstraße, die in Slowenien »Karststraße« hieß, führten schon in römischer Zeit Nebenstraßen nach Norden und Westen, beispielsweise durch das Mißling- und das Lavanttal oder durch das Drau- und das Murtal. Bei Slovenska Bistrica zweigte ein Straßenast ab und überschritt die Drau bei Marburg. Auf der Linie Platschberg-Ehrenhausen-Leibnitz-Wildon erreichte dieser Weg das Grazer Feld. Die römerzeitlichen Siedlungen und Landsitze waren dem »municipium« Flavia Solva bei Leibnitz zugeordnet. Via Bruck fand die Straße Anschluss an das obere Murtal und die »norische Hauptstraße«, die über den Pyhrn zur Donau führte.

IM WASSERSTAUB

Als ob ich im Vorhinein wüsste, wie es dort ausschaut, wo ich wandern werde! Dabei wäre das so wichtig, sagt der nette Schuh-Verkäufer in der Outdoor-Abteilung. Steiermark, soso. Murtal, ach ja.

Heute hat man beim Schuhkauf die Qual der Wahl: Soll das Innenfutter aus Tex-Membran, Vollleder oder Textil sein? Die vielsagende Auskunft: »Das kommt darauf an.«

Egal ob auf den taunassen Almböden der Hochsteiermark oder in den Murwiesen der Flussniederung: Die Membran-Lösung mit Löchern so klein, dass kein Wassertropfen durchdringt – die hat schon ihre Meriten auf diesem Weg!

Die Flurnamen verleiten beim schnellen Drüberlesen oft zu irrigen Annahmen über ein Wandergebiet. Ist doch **Frohnleiten** kein Ort der Frauen oder der zum Frondienst verpflichteten Bauern. Vielmehr handelt es sich um eine Siedlung mit Berghang in freier Lage, abgeleitet von »Vreyliten« (1306).

Der **Plabutsch** westlich von Graz hieß 1452 Flagutsch. Der Name gehörte ursprünglich zu einem Weinried, das unterhalb der Kernstockwarte gelegen war. In dem Wort steckt ein ehemaliger Besitzer, der Blagota hieß.

Der Edelhof **Thalerhof** bei Graz ist seit dem Jahr 1500 nachweisbar. 500 Jahre später wurde das zweigeschoßige Renaissanceschloss abgerissen. Damit erlitt das Anwesen ein ähnliches Schicksal wie die antike Villa von Thalerhof, die in der Völkerwanderungszeit von Barbaren zerstört wurde.

Nördlich von Kalsdorf lag der **Lang Ohren Acker,** so die Schreibweise im Katasterplan. Die Häufung von Feldhasen war hier ausschlaggebend.

Im **Grazer Feld** gibt es viele Straßen-Äcker genannte Felder. Kein Zufall: Bei Kalsdorf gab es eine römische Straßensiedlung. Der antike Vicus lag je eine Tagesreise zwischen Flavia Solva im Süden und dem Kugelstein im Norden.

Wandern an der Murtalstraße
Vom Wallfahrtsort zum Jungfernsprung

12,6 km · 5 h · 529 hm im Aufstieg, 506 hm im Abstieg · leicht

Teilstrecken: Park Judendorf-Straßengel (400 m) ½ H Wallfahrtskirche Maria Straßengel (454 m) 1 H Kammweg zwischen Frauenkogel und Steinkogel (ca. 700 m) ½ H St. Annenbründl (596 m) ½ H Ruine Gösting (550 m) – auf gleichem Weg retour

Bevorzugte Jahreszeit: ganzjährig

Ausgangspunkt: Beachvolleyballplatz Judendorf-Straßengel

Talort: Judendorf-Straßengel

Aussichtspunkte: Kirchberg bei Straßengel, Nordhang des Frauenkogels, Ruine Gösting

Stützpunkte: Kirchenwirt, Kirchberg 18, Gratwein-Straßengel, T.: +43 (0)3124/54241; Gasthaus zur Sonne, Schlossplatz 1, Gösting, T.: +43 (0) 664 179 58 11

Charakter: Ausgangspunkt für diese Tour ist der »steirische Steffl«, die Wallfahrtskirche Maria Straßengel. Von hier aus wandern Sie zumeist auf Forstwegen über die westlichen Grazer Waldberge nach Gösting. Das Steilstück der Wanderung erwartet Sie am Aufstieg zum Frauenkogel.

Variante: Rückweg über Raach nach Judendorf (2 h)

Anreise: A2/Knoten Graz, B67 Judendorfer Straße

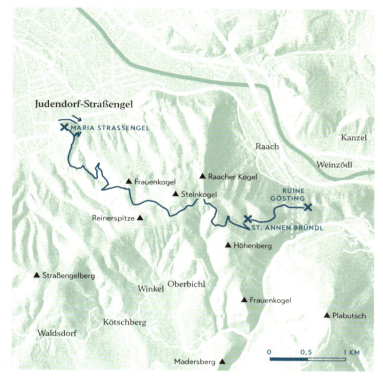

WEGGESCHICHTE KURZ UND BÜNDIG

Straßengel, für das aus dem 9. Jahrhundert ein Beleg vorliegt, ist so alt, dass sein Name nicht mehr zu deuten ist. Nur eins ist klar: mit Straßen oder Engeln hat er nichts gemein. Der Burgplatz Gösting deckt seit dem 11. Jahrhundert den Murtalweg. Der slawische Ortsname bedeutet »Fahrweg«.

WEGBESCHREIBUNG

Es ließ sich harmlos an. Eine Liebschaft unter Adeligen. Doch am Ende standen frisch geschliffene Schwerter, ein zerhackter Ritter, ein Mädchen, das ins Wasser sprang. Das Drama der Dramen – es spielte sich der Sage nach am Burgfelsen von Gösting am Nordwesthang des Plabutsch ab.

Jungfernsprünge gibt es viele. Manchmal überlebt die Maid, das andere Mal wählt sie lieber den Freitod, als sich ihren Verfolgern auszuliefern. Aber selbst wenn der Hupfer von Gösting nur einer unter vielen ähnlichen Geschichten ist – einmal dort stehen, wo die von zwei Männern begehrte Katharina von Gösting in die Tiefe sprang, möchte man doch.

Wo wir sind? In den westlichen Stadtrandbergen von Graz, einem Teil der Talenge, durch die sich die Mur schlängelt. Der Marsch führt über die südliche Begrenzung dieser Engstelle. Der nach Osten streichende Bergrücken des Raacher Kogels zwingt den Strom zu einer Richtungsänderung. Dem Raacher Kogel gegenüber stehen die Kanzel im Norden und der Admonterkogel im Süden.

Juhu in Judendorf. Die Dorfjugend verbringt einen unbeschwerten Sommertag beim Beachvolleyball. Direkt über dem großen Spielplatz ragt die Wallfahrtskirche Maria Straßengel auf. Nach einem kurzen Stück auf der Grazer Straße Richtung Osten stoßen

> Erst dieser Knick und die folgende Verlangsamung der Strömung bieten die Voraussetzung für eine Furt.

✕ JUDENDORF

✕ MARIA STRASSENGEL

Sie bei einer Seniorenresidenz auf den Zustieg zum Kirchberg. Maria Straßengel wurde Mitte des 14. Jahrhunderts erbaut und ist einer der wichtigsten hochgotischen Sakralbauten des Landes.

Die Kirche liegt auf einer Rückfallkuppe (runder Gipfel in einem Berghang; klassischer Standort für Burgen) des Berges. Von hier oben führt eine Asphaltstraße zu einem Friedhof hinunter. Eine beschrankte Waldstraße am Ortsende von Gratwein-Straßengel leitet links den bewaldeten Gegenhang hinauf. Bald führt rechts ein markierter Steig in Richtung Gösting (Zeitersparnis ca. 0,5 h). Wenn Sie auf der Forststraße bleiben, öffnet sich der Wald und gibt den Blick über das Hügelland nördlich von Graz frei. Unmittelbar nach dieser Lücke im Wald verlassen Sie den Querweg und folgen einer Nebenstraße rechts den Westhang des Frauenkogels (683 m) hinauf. Auf der bewaldeten Höhe des Bergkamms wandern Sie südlich um den Steinkogel (742 m) herum, bis der Weg einen Knick nach rechts macht, Richtung Annenbründl und zur alten Burg von Gösting (574 m).

FRAUENKOGEL

ST. ANNENBRÜNDL

BURG GÖSTING

Wo heute die bröckelnden Mauern der Ruine Gösting in den Himmel ragen, soll es zu dem fatalen Jungfernsprung gekommen sein. Kurzer Kontrollblick in die Tiefe. Nun ja.

Ins Wasser gefallen ist hier gewiss niemand. Höchstens auf den Treidelweg entlang der Mur gerollt. Auf diesem Ziehweg wurden Weinfässer stromaufwärts nach Bruck an der Mur und Leoben geflößt. Die Erinnerung an diesen Wirtschaftsweg hält der Orts- und Brückenname Weinzödl wach. Im Hochmittelalter nannte man diesen Weinort am linken Flussufer »Weinzurl«.

Der Begriff hat sich aus dem althochdeutschen Wort winzuril entwickelt, dem Ort, wo Winzer oder Weinhauer leben.

Die Sage berichtet freilich anderes: Im 12./13. Jahrhundert stieg Graz am linken Mur-Ufer durch das Niederlagsrecht für Waren zu einem wichtigen Handelsplatz auf. Die Straße am rechten Murufer verlor an Bedeutung, immer mehr Händler benutzten die Straße links der Mur nach Norden. Die Jochbrücke bei Weinzödl verband die beiden Flussufer. Hier hielten die mit Salz und Metall beladenen Boote aus dem Norden, der Wein aus dem Süden wurde verzollt. Wer ordnungsgemäß die Mautgebühr ablieferte, erhielt den sogenannten »Weinzettel«, wovon der Name Weinzödl stammt.

Glaubhaft ist die Erzählung, dass Passagiere auf Höhe von Weinzödl die Boote verließen. Sie setzten die Reise lieber zu Fuß fort. Unterhalb des Weinortes warteten Stromschnellen auf die Murkähne.

Die Burg Gösting – in loco Gestnic, wie es in einer Urkunde aus dem Jahr 1042 heißt – bewachte einen bedeutenden Handelsweg zu Lande und zu Wasser.

Seit einem Besitzerwechsel in den 1990er-Jahren verfällt die mittelalterliche Festung, das gewaltige und älteste Baudenkmal von Graz. Die Burgschenke ist geschlossen. Die Stadt Graz bemüht sich um eine Revitalisierung des Geländes und des Burgwegs.

Vom Frauenkogel bieten sich Tiefblicke auf Maria Straßengel.

Hohlweg im Westhang des Frauenkogels.

Wandern an der Murtalstraße
Kotzalm von St. Dionysen

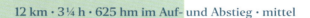

12 km · 3¼ h · 625 hm im Auf- und Abstieg · mittel

Teilstrecken: St. Dionysen/Waldschenke (516 m) ½ H Kotzgraben/Abzweigung Steiger (644 m) ¼ H Kotzeck-Kreuz (751 m) 1 H Kotzalm (1.155 m) 1½ H St. Dionysen

Bevorzugte Jahreszeit: Sommer und Herbst

Ausgangspunkt: St. Dionysen-Waldschenke

Talort: St. Dionysen

Aussichtspunkte: Steiger, Kotzegger Kreuz, Kotzalm

Stützpunkte: Kotzalm und Kletschachalm; Waldschenke Radlertreff, Oberaich, St. Dionysenstraße 38, T.: +43 (0) 676 36 18 508; Gasthaus Kaiser, Stegg 20, Kapfenberg, T.: + 43 (0)3862 55310; Almgasthaus Puster, Zum Madereck 10, Bruck an der Mur, T.: +43 (0) 3862 /53 7 86

Charakter: Der Anmarsch durch den Kotzgraben und der steile Aufstieg zum Kotzegg-Kreuz sind vergessen, wenn Sie ins Hochschwabgebiet hinüberspechteln und den Fernblick auf sich wirken lassen. Der Bekanntheitsgrad der Kotzalm reicht kaum über die nächste Umgebung hinaus.

Varianten: Der Kletschachkogel, 1.457 m, liegt ca. 1 ¾ Wegstunden westlich der Kotzalm (über Kletschachalm); das Madereck 1.052 m (Almgasthaus!) erreicht man vom Kotzegg-Kreuz in 1 h (Abstieg nach Bruck an der Mur).

Anreise: A2 / Knoten Seebenstein, S6 / Bruck an der Mur, via Krottinger-, E-Werk-, Landskron-Straße, Oberdorferweg und Sankt Dionysen-Straße nach St. Dionysen

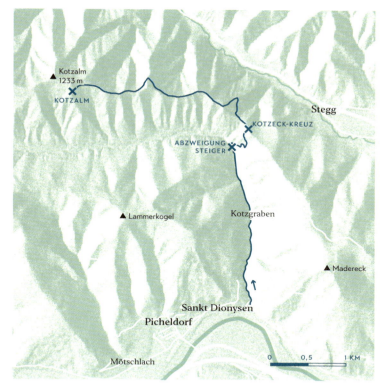

WEGGESCHICHTE
KURZ UND BÜNDIG

Die Steinbrücke zwischen Oberdorf und St. Dionysen ist ein Rest der römerzeitlichen Poststraße von Poedicum (Bruck an der Mur) nach Stiriate (Liezen). Die Fahrbahnbreite beträgt 2,5 m.

WEGBESCHREIBUNG

Die meisten Wanderer sind genervt von langen Gräben. Ich jedoch bin den Schluchten zugeneigt. Mir gefällt die Mischung aus alpinen Pflanzen, die die steilen Berghänge herunterkommen und sich mit den Talbewohnern, den Geißbärten und Pestwurzen, mischen.

Auf dem ca. 2,5 km langen Anmarsch durch den Kotzgraben von St. Dionysen bis zur Abzweigung »Steiger« ist Zeit genug, um über den Namen des Ziels, die Kotzalm, nachzudenken.

Eine Möglichkeit: Das Gebiet wurde nach der Wildkatze benannt. Andere Variante. Der erste Besitzer war ein Chozilo, Kazo oder Kazilin. Oder es war anders und dem Namen liegt die »Khozn«, die Rosskatze, die raue Pferdedecke, zugrunde. Die Germanistin Elisabeth Arnberger hat für solche Streitfälle eine klare Anweisung parat: »Stelle keine Vermutungen an, suche in den Archiven die ältesten vorhandenen Belege.«

Zeit zum Grübeln hatte ich auch beim Anmarsch aus Bruck an der Mur zur Genüge. Mit der Linie 810 gelangt man aus St. Ruprecht ans nördliche Flussufer und steigt bei der Haltestelle E-Werk-Straße aus. In St. Ruprecht wurde seit der Antike über die Mur gesetzt, es ist mit dem karolingerzeitlichen Eintrag »prucca« gemeint.

ST. DIONYSEN

KOTZGRABEN

Murtalstraße

Gestritten wurde um Auftriebsrechte auf die Bergweiden. Das Stift Göß nannte Bauerngüter, Meierhöfe, Forste, Mühlen, Fischteiche, Weingärten und Almen sein Eigen. Äbtissin Anna von Herberstorff ordnete den Grundbesitz und legte um 1450 ein Verzeichnis an.

In der Landkarte für Innerösterreich (1784–1785) sind der »Katzen-Bach« und der »Katzen-Graben« verzeichnet.

Auf dem Weg nach Westen via Landskronstraße-Oberdorfweg-Sankt Dionysen liegen 800 m der ehemaligen römischen Staatsstraße. Diese Postroute verband Flavia Solva mit dem oberen Murtal.

Die Kotzalm war im Mittelalter Zankapfel zwischen dem Benediktinerinnenstift in Göß und der Pfarre von St. Dionysen. Viele der damals strittigen Besitzungen, beispielsweise die Bergwerke, sind längst geschlossen. Die Erinnerung an diese Bodenschätze lebt in Sagen von Goldsuchern aus dem »Welschland« weiter. Nur die nach Bergkräutern duftenden Weiderasen der Kotzalm sind noch da. Sie zu erreichen ist bis heute ein hartes Stück Arbeit, keine Fahrstraße und keine Seilbahn kürzen den Weg ab.

STEIGER Oberhalb der Hofstelle »Steiger«, die in einer Hangmulde liegt, folgt ein Steilstück durch Wirtschaftswald hinauf zum Kotzegg-Kreuz. Das Marterl ist Andachtsstelle und Wegzeichen in einem. Gelbe Schilder weisen den Weg zum Madereck (Bruck an der Mur), nach Stegg (Kapfenberg), zur Kotzalm (Oberaich) bzw. zum Kletschachkogel (St. Katharein an der Laming).

Ein Hohlweg (Wanderweg 891 »Bruck an der Mur – Madereck – Kotzalm, rote Markierung) führt links in den Bergwald hinein und klettert zu einer Straße empor, die den Kamm des Gebirgszugs entlangzieht, sie führt mit wenigen Steigungen **KOTZALM** bis zur Kotzalm. Dieser Spur folgend verlässt man bald den Wald. Nach Norden hin gewähren Baumlücken ein Hochschwab-Panorama vom Feinsten.

Zuletzt? Die Auflösung des Rätsels! Es waren vermutlich die Wildkatzen, die Pate standen für dieses wenig besuchte Ausflugsziel in der Hochsteiermark!

Römischer Fahrweg durch das Murtal nahe dem alten Flussübergang bei Bruck.

Die Kotzalm liegt auf einer Bergschulter östlich des Kletschachkogels.

Grasweg vom Kotzegg-Kreuz auf die Hochalmen.

STEIERMARK

15

Ungarnstraße

von Graz nach Fürstenfeld

DIE STEIRISCHE OSTPASSAGE

Die Ungarn-Verbindung bestand schon vor der Gründung der Stadt Graz. Sie war von Anfang an eine Verkehrsachse zwischen dem Murübergang und Szombathely, die spätestens seit dem 10. Jahrhundert begangen wurde. Der ursprüngliche Weg führte an einem Gutshof vorbei, der neben der heutigen Pfarrkirche St. Leonhard lag.

Aufstieg: 288 hm • Abstieg: 402 hm
Distanz: rd. 56 km • Dauer: rd. 16 h

HISTORISCHE NAMEN
Alte Gleisdorfer Landstraße · Klinzel Weg · Landstraße nach Gleisdorf · Straße über Fürstenfeld nach Ungarn · Straße von Ilz nach Fürstenfeld · Poststraße von Graz ins Königreich Ungarn · Strata Hungarica

1. Die »**Strata Hungarica**« verlässt Graz in östlicher Richtung und überwindet die Wasserscheide zur Raab; ein Ast führt durch die Sporgasse gegen Weiz, ein anderer geht via Spörgelgasse und Waltendorf gegen Gleisdorf und endlich nach Fürstenfeld.

2. Die Anrainer der Ungarnstraße waren verpflichtet, diese in Schuss zu halten, was zu Protestnoten gegen den »**Hungarischen Straßenrobot**« führte.

3. Seit dem 1. April 1839 fuhr zweimal wöchentlich eine **Postkutsche** die Strecke Graz-Gleisdorf-Fürstenfeld ab.

4. Im Jahr 1855 wurde eine **Südumfahrung** beschlossen, um die Steigung des Kohlhütterberges zur Rabnitz abzumildern.

5. Auf den steirischen **Ungarnstraßen** wurden Salz und Eisen nach Osten befördert. In der Gegenrichtung gelangten Vieh und Häute in die Steiermark.

5 Fakten

HISTORISCHE BEDEUTUNG

Die Hauptachse der Ungarnstraße gelangte über Fürstenfeld nach Osten. Diese Route wurde später zur Vorläuferin der Gleisdorfer Bundesstraße (B65). Nach dem Siegeszug König Heinrichs III. gegen die Ungarn in den 1040er-Jahren wurde die Grenze mit Ungarn von der Raab an die Lafnitz vorverlegt, der Grenzzoll nicht mehr an den alten Mautstellen in Eggersdorf bei Graz und Wilfersdorf eingehoben, sondern in Hartberg. In Gleisdorf zweigte ein Verbindungsweg von der Ungarnstraße ab, der über Pischelsdorf nach Hartberg führte.

EIN TRAUMLAND: DIE OSTSTEIERMARK

Im Stifting- und im Ragnitztal fanden die Grazer Schriftsteller des vorigen und des vorvorigen Jahrhunderts »idyllische Thaleinsamkeit und erquickende Waldesruhe« vor. Diese Zutaten lösen bei vielen »Schreibtischtätern« eine erstaunliche Rastlosigkeit aus. Der Geistliche **Josef Stradner** notierte: »Eine Wanderung über den Ruckerlberg und an dem Schlosse Lustbühel vorbei zum Hirschenwirt (…) oder über den Klinzelweg nach Hönigthal verschafft ebenfalls in wechselnden Bildern eine Fülle landschaftlicher Genüsse und die südlich verlaufenden Petersberge belohnen den Waldwanderer, der ihre Reize aufsucht.«

Auf einem Höhenrücken zwischen Maria Trost und dem Stiftingtal lässt sich der Verkehrsweg nach Ungarn »angehen«. Der **Roseggerweg** bei Maria Trost zählt heute zu den Grazer Stadtwanderwegen.

Der **Römerweg** genannte Abschnitt des Höhenwegs ins Rabnitztal taucht in alten Karten nicht auf. Der Name hat wegen der römerzeitlichen Funde in Gleisdorf seine Berechtigung. Hier befand sich zwischen dem 1. und 3. Jahrhundert n. Chr. eine Gewerbesiedlung, ein *vicus*.

In der franzisco-josephinischen Karte (1869–1887) ist für die alte Gleisdorfer Landstraße der Name **Klinzel Weg** eingetragen (siehe das Dichter-Zitat weiter oben). An diesem Weg gab es eine Hofstelle »Klinzelweber«, die im älteren Franziszeischen Kataster von 1820 verzeichnet ist.

Bleiben wir kurz dabei! Klinzelweg ist eine Verbindungsstraße, die nach einem Hof- oder Besitzernamen bezeichnet wurde. »Klinzel« wiederum ist ein Beiname für eine Person, die sich häufig beklagt oder die sich gerne einschmeicheln möchte. Das bayerische Verb »klünseln, klünzeln« bedeutet »weinerlich klagen« oder »schmeicheln, schöntun«.

- Josef Stradner, Steiermark, in: Die Südbahn und ihr Verkehrsgebiet in Österreich-Ungarn, ca. 1900 [Anm.: unter den Autoren dieses Bandes war auch Peter Rosegger].

- Fritz Frhr. Lochner von Hüttenbach, Die Ortsnamen des Politischen Bezirkes Graz-Umgebung (Steiermark). In: Österreichische Namenforschung Jg. 40–41 (2012–2013).

- Johann Andreas Schmeller, Bayerisches Wörterbuch. Bd. I, II. Sonderausgabe 1996.

Wandern an der Ungarnstraße
Kleine Grazer Altstadtrunde

2,1 km · 1 ½ h · rd. 90 hm im Auf- und Abstieg · leicht

Teilstrecken: Karmeliterplatz (380 m) – Uhrturm am Schlossberg (400 m) – Kriegssteig ½ H Schlossbergplatz (365 m) – Murinsel (355 m) 40 MIN Kaiser Franz Josef-Kai – Murgasse – Hauptplatz – Sporgasse – Paulustorgasse 20 MIN Karmeliterplatz (380 m)

Bevorzugte Jahreszeit: ganzjährig

Ausgangspunkt: Karmeliterplatz

Aussichtspunkte: Schlossberg, Rosengarten

Stützpunkte: Bäckerei Sorger, Sporgasse 4, Graz, T.: +43 (0)316/819160-20; Pizzaiolo, Karmeliterplatz 1, Graz, T.:+43 (0)664 100 67 80

Charakter: Spaziergang entlang der für die Stadtentwicklung so wichtigen Achse Murgasse-Sporgasse-Paulustorgasse unter dem Schlossberg.

Anreise: A2/Knoten Graz-West

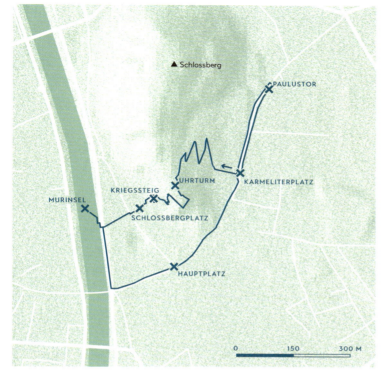

**WEGGESCHICHTE
KURZ UND BÜNDIG**
Die Sporgasse, der Weg der Sporenmacher, bildete den Beginn eines Handelsweges, der von der Burg Gradec auf dem Schlossberg bewacht wurde. Dieser Verkehrsweg verband das Grazer Feld mit der ungarischen Stadt Szombathely.

WEGBESCHREIBUNG
»Los!« Die Pferdehufe zerbrechen das Eis in der Wegspur. Der Fuhrmann hält die Zügel in der einen, einen brennenden Kienspan in der anderen Hand. Zwischen dem Murufer und dem Gutshof Guntarn, dem wirtschaftlichen Zentrum des alten Graz im heutigen Stadtteil St. Leonhard, liegt spärlich besiedeltes Land und eine beträchtliche Steigung. Und es wird langsam dunkel. »Hüa! Marsch!«

In den Fenstern der Burg brennt Licht, das beruhigt den Fuhrmann.

Vorspulen im Geiste. Fast Forward! Die Jahrhunderte füllen die freien Bauflächen im mittelalterlichen Graz mit Bürgerhäusern, Geschäften, Kirchen, Marktplätzen, gepflasterten Straßen und buntem Treiben. Der prosperierenden Stadt, die an der Kreuzung der alten Nord-Süd-Straße entlang der Mur mit der Ungarnstraße entstanden ist, mangelt es damals nicht an freien Flächen.

Ein Graz-Besucher unterbricht seinen Streifzug vom Hauptplatz durch die Sporgasse zum Karmeliterplatz aus zwei Gründen: Um auf einen Mokka in einer Bäckerei einzukehren und um einen Blick auf den »Türken« an der Außenfront des Palais Sarau zu werfen.

Über dieses Hauszeichen, eine sogenannte »Quintana-Figur«,

Bei Geschicklichkeitsspielen in der frühen Neuzeit hatten Reiter mit einer leichten Lanze eine Figur zu treffen, die oft die Gestalt eines osmanischen Kriegers hatte. Der Name Quintana kommt vom fünften Lagerweg römischer Feldlager, auf dem Übungen abgehalten wurden.

Ungarnstraße

Einem Osmanen ähnelnde Quintana-Figur am Palais Saurau in der Sporgasse.

wie man sie im Barock bei Ritterspielen verwendete, erzählt eine Sage, dass es im Jahr 1532 entstand.

Der osmanische Befehlshaber Ibrahim »Bassa« hatte das Haus dazumal beschlagnahmt. Er ließ sich aufwarten. Eine Kanonenkugel vom Schlossberg schlug zum Hauptgang in die Tafel ein und verdarb den Schmaus. Ibrahim schmeckte es nicht mehr, er verließ Graz mit den Worten: »Wenn ich diesen heißen Ofen (Festung) nicht haben kann, mag ich auch die kalte Stube (Stadt) nicht.«

Zum ersten Mal wurde diese Geschichte 1753 vom Chronisten Johann Christian Andreas Fyrtag aufgezeichnet. Der Autor von »Die treue Steyermark« behauptete, dass die Türkenfigur »zum angedencken der Türckhischen Belagerung aber wider glücklichen entsazung der statt Gräz« errichtet wurde.

Die osmanischen Truppen verheerten zwar 1532 die Steiermark südlich von Graz, die Stadt selbst wurde aber nicht belagert. Der »**Türke**« in der Sporgasse zeigt möglicherweise an, dass dieses Haus von militärischen Zwangseinquartierungen ausgenommen war oder dass dem Erbauer des Hauses, Pankraz von Windischgrätz, während der Errichtung 1566 ein türkischer Kriegsgefangener übergeben wurde.

Aus Günther Jontes, Der Türke am Palais Saurau, in: Jahrbuch der Stadt Graz, Band 16/17 (1986)

KARMELITERPLATZ

Kaum habe ich den Karmeliterplatz erreicht, spült mich der Strom aus Fußgängern nach links den Schlossbergweg hinauf. Bald bleiben die ersten von der Steigung angestrengten Touristen zurück. Rewind! Während ich die Aussicht genieße, spule ich geistig zurück.

Die Grazer Burg wurde 1809 im fünften Koalitionskrieg gesprengt. Um das Stadtbild prägende Gebäude wie den Grazer Uhrturm zu retten, kauften die Grazer Bürger von Napoleon Teile ihrer eigenen Zitadelle, ehe dieser die Feste schleifen ließ.

UHRTURM

Während ich gemächlich den Kriegssteig vom Schlossberg zur Mur hinunterschlendere, rückt das Ufer der Mur in den Blick.

Am Fluss angelangt, bietet sich eine Rast auf der Mur-Insel an. Vom Kaiser-Franz-Josef-Kai lassen sich die waghalsigen Bootslenker auf dem Fluss beobachten, die, anders als die Schiffer früherer Zeiten, die Eisen und Salz nach Graz flößten, freiwillig Kopf und Kragen riskieren.

Noch einmal wandere ich gedanklich zurück ins mittelalterliche Graz. Die triefnassen Zugtiere setzen sich endlich in Bewegung, es geht durch die Murgasse, ein Straßenzug der Handwerker und Kaufleute, der 1487 erstmals erwähnt wird. Jetzt will aber der Fuhrmann nicht nicht mehr weitergehen. Am Fuß des Grazer Burgfelsens hört man sein Kommando: »Brr!« Eine flussnahe Schenke lockt mehr als die Aussicht in der Nacht über offenes Feld trotten.

Pure Fantasie, meinen Sie? Dann schauen Sie einmal, wohin es die Hunderttausenden Touristen, die wie ich vom Franz-Josef-Kai links abbiegen und durch die Murgasse zum Hauptplatz strömen, hinzieht! In die Kulturstätten wie das Graz Museum oder das Universalmuseum Joanneum, in denen sich ein kulturbeflissener Gast kaum sattsehen kann? Ja. Aber am Ende des Tages geht es auch darum, zwischen den unzähligen Pubs, Restaurants, Pizzerien und Szene-Lokalen der Stadt eine Auswahl zu treffen. Ein einziger Graz-Besuch reicht da nicht aus!

✗ KRIEGSSTEIG

✗ MUR-INSEL

✗ HAUPTPLATZ

✗ KARMELITERPLATZ

Grazer Grazie: Der Blick vom Schlossberg auf die Altstadt. Versuchen Sie einmal, sich das Häusermeer wegzudenken!

Wandern an der Ungarnstraße
Von Hartberg nach Löffelbach und auf den Ringkogel

9,9 km · 3½ h · 496 hm im Aufstieg, 263 hm im Abstieg · leicht

Teilstrecken: Schloss Hartberg, Brühlgasse (370 m) ½ H Villa Rustica bei Löffelbach (390 m) 1 H Hausberg (470 m) 40 MIN Spielstätte (699 m) ½ H Ringkogelwarte (789 m) 20 MIN Spielstätte (Bushaltestelle)

Bevorzugte Jahreszeit: Frühling bis Herbst

Ausgangspunkt/Talort: Hartberg

Aussichtspunkte: röm. Gutshof Löffelbach, Hausberg, Ringkogelwarte

Stützpunkte: Zum Brauhaus, Wiener Straße 1, Hartberg, T.: +43 (0)3332/ 62 210; Jausenstation Rastplatzl beim Aussichtsturm, Ringwarte, T.: +43 (0) 664/3009379

Charakter: Zunächst schlendern Sie am Fuß der Neuberger Weinberge durch Kulturland bis Löffelbach, ehe sie auf Waldpfaden nach Hausberg und zur Spielstätte bzw. zum Ringkogel aufsteigen.

Variante: Abstieg vom Ringkogel nach Hartberg, zunächst auf Waldwegen, dann auf einer recht stark befahrenen Straße.

Anreise: A2 / Hartberg; Linie 307 (Verbindung Busbhf. Hartberg-Löffelbach); Sammeltaxi Oststeiermark SAM, T.: +43 (0)50 363738

**WEGGESCHICHTE
KURZ UND BÜNDIG**

Im 11. Jahrhundert verschoben die salischen Könige die Grenze zu Ungarn über das obere Raabtal hinaus bis an die Lafnitz (nördlich des Wechsels wird die Leitha zum Grenzfluss). Der Markt Hartberg entstand, ab 1130 wurde hier auch Maut eingehoben.

WEGBESCHREIBUNG

An soundso, Gruß! So fangen römische Briefe an. Leider gibt es keine erhaltene Post von den Menschen auf den Gutshöfen im steirischen Hügelland. Was würde ich dafür geben, zu lesen, dass die Frau des Verwalters von Hartberg oder Löffelbach ihre Verwandten im warmen, südlicher gelegenen Flavia Solva gebeten hat: »Besorgt mir Wollsocken auf dem Markt und schickt sie mir so schnell es geht. Mir frieren sonst die Zehen ab!«

Die zwei Kilometer und ein paar Zerquetschte von der Hartberger Stadtpfarrkirche St. Martin – sie steht auf den Resten einer römischen Villa – entlang der Brühlgasse zum römischen Gutshof in Löffelbach sind ein Spaziergang. Der erste römische Landsitz wurde hier im 1. Jahrhundert errichtet und noch in der Antike geschleift. Seine Steine verwendete man zum Bau einer größeren Villa rustica. Diese entstand in der Regierungszeit Kaiser Diokletians im 3. Jahrhundert. Ihre Grundmauern sind frei zugänglich.

✕ HARTBERG

✕ VILLA RUSTICA

Im Herrenhaus der Löffelbacher Villa gab es repräsentative Räume mit Fußbodenheizung. Das Anwesen bezog sein Wasser aus einer eigenen Leitung und hatte einen Sakralraum. Brennöfen standen zur Verfügung. Im Außenbereich lagen Gärten und Obsthaine. Eingefasst war das Gut mit Mauern und Wegen. Fischtei-

Ungarnstraße

che und Wälder für den Herrn und seine Jagdhunde rundeten das Areal ab.

    Ein Landsitz wie Löffelbach erzeugte Roggen, Weizen, Gerste, Hafer, Dinkel, Emmer, Hirse, Ackerbohne und Saaterbse für das Munizipium, zu dessen Umland er gehörte – Flavia Solva bei Wagna. Norische Pferde und Rinder waren gefragt. Bedeutende Absatzmärkte lagen an der Bernsteinstraße: Savaria, Scarabantia, Carnuntum.

    Reiche römische Bürger erkannten in Landgütern eine Geldanlage. Sie kauften Staatsland in neu eroberten Provinzen und stellten »Protzbauten« auf die grüne Wiese – alle fünf bis zehn Kilometer eine römische Villa.

    Jahrhunderte nach dem Abzug der Römer konnte man sich die fremdartigen Ruinen nicht mehr anders erklären, als dass hier ein verruchter Burgherr gesessen war, der mitsamt seinem Haus in den Boden versunken war. Dieses versunkene Schloss wurde in späteren Erzählungen nicht mehr in Löffelbach, sondern auf der Spielstätte, einem Sattel zwischen dem Ringkogel (789 m) und dem Wullmenstein (867 m), lokalisiert. Dort oben stand einst ein Wirtshaus. Es heißt, dass diese Spelunke wegen frevelhaften Spielens und Saufens in der Christnacht im Erdboden versunken ist.

    Die Fantasie der Menschen war nicht erschöpft, sie stellten noch viele weitere Überlegungen zu den Gemäuern an, die da in der Landschaft herumstanden: Riesen hatten sie erbaut! Riesen sind die Dämonen des alten Europa. Aus Orten, die an Handelsstraßen lagen, haben sich Geschichten über die Giganten erhalten: in Leibnitz, St. Georgen an der Stiefing, Seggau, auf dem Wildoner Berg, am Schöckl – und in Hartberg.

    Riesen waren für ihre originelle Landschaftsgestaltung bekannt. Aus Langeweile oder Tollerei warfen sie Felsen durch die Gegend. Als sie das Schloss Neuberg und die Kirche Maria Lebing in Hartberg errichteten, hatten sie zu zweit nur einen Riesen-Hammer zur Verfügung. Um die Distanz von ca. einer Wegstunde zu überbrücken, schmissen sie diesen hin und her.

    Die christliche Überlieferung hat Riesen durch den Teufel ersetzt. Der Tausch fiel leicht: Die Kraftprotze waren Gegner der germanischen Gottheiten, der Teufel der Widersacher Gottes.

    Die Grundmauern des Römerhofs abschreitend, verlässt man auf einem Karrenweg das von Getreidefeldern umrahmte Ausgrabungsgelände in Richtung Löffelbach. Wir folgen der Neubergstraße etwa einen halben Kilometer, und zwar rechts bis zur Abzweigung nach Hausberg, das ist beim Lebenbauerweg. Dieser begleitet uns mit blauer Markierung (römische Ziffer I) durch einen Wirtschaftswald hinauf bis zu einer weiteren Abzweigung. Hier wenden wir uns erneut nach rechts in den Storerweg. Die asphaltierte Straße führt nach Osten und mündet in den Hausbergweg. Nach 0,5 km ist Hausberg erreicht. Die Straße teilt sich.

Marginalien:

Römerstadt

Hartberg war ab dem 12. Jahrhundert ein Bollwerk gegen Angriffe, die aus dem Osten vorgetragen wurden. Die Festung gehörte dem Landesfürsten und deckte den wichtigen Verkehrsknoten der Hartberg- und der Ungarnstraße.

LÖFFELBACH ✕

HAUSBERG ✕

Die Grundmauern der römischen Villa von Löffelbach bei Hartberg.

Wir schlagen uns links den Berg hinauf. Der Untere Neubergweg mündet in die Neubergstraße. Auf dieser wandern wir kurz nach rechts bis zu einer Kurve. Eine Waldstraße zweigt nach links ab. Sie klettert bergauf auf die Masenbergstraße und endet beim Parkplatz Spielstätte.

✗ SPIELSTÄTTE

Die Restauration auf dem Ringkogel liegt nur noch eine halbe Wegstunde und ein paar Kehren über uns. Ist die Jausenstation geöffnet, ist auch die Ringwarte geöffnet und lädt ein zur Besteigung.

Der Ringkogel ist eine seit der Kupferzeit ausgebaute Bergfestung. Seine Glanzzeit erlebte die Bergstadt im 1. Jahrhundert v. Chr. Eine Mauer mit zwei Toranlagen umgab sie.

✗ RINGKOGEL

In römischer Zeit stand ein Gebäude auf dem Ringkogel. Eine Schenke war es nicht, was aber nicht heißt, dass es in der Umgebung keine Möglichkeiten gab, seinen Durst zu stillen. Selbst Offiziere ließen ihrem Unmut freien Lauf, wenn sie auf dem Trockenen saßen: »Meine Kameraden haben kein Bier!«

Briefe aus Vindolanda: Decurio Masclus an seinen Lagerpräfekten Cerialis (Täfelchen 628).

Vom Aussichtsturm führt ein steiler Pfad den Ringkogel hinab nach Hartberg (3 km). Das letzte Stück des Abstiegs legen Sie auf der Straße zurück. Das oststeirische Sammeltaxi (Haltestelle Spielstätte) bietet sich als Alternative für die Rückkehr an.

✗ HARTBERG

Der Eisenerzer Höhenweg erhielt von Landvermessern den schmückenden Beinamen »Römerweg« verpasst.

Auf ein Wort

Hätte ich mich allein auf die Reise begeben, ich wäre nie zurückgekehrt, um darüber zu berichten. Ich wäre immer noch da draußen.

Ich lauschte Daniel Stögerer, der mir die Sagen und alten Erzählungen des Wechsellandes näherbrachte.

Ich fragte Karin Fischer Ausserer, wenn meine Fantasie nicht ausreiche, unter den Erdbahnen und Brückenruinen ein gepflegtes, gepflastertes römisches Straßennetz zu erkennen.

Ich rief die Germanistinnen Elisabeth Arnberger-Kugler und Margarete Platt zu Hilfe, damit sie mir ihre etymologischen Rettungsringe zuwarfen.

Ich baute auch auf die Erfahrung und den Weitblick meines Lektorenteams bei Styria, Philipp Rissel und Sophie Wolf, das mich zurück an den Schreibtisch rief. Und womit? Mit Recht.

Der Verlag hat stets an das Vorhaben der alten Wege geglaubt und wurde in diesem Glauben über die Jahre nie wankend.

Ich, ein patentierter Landstreicher, widme diesen Wanderführer Maruška aus Loštice, der jüngsten von vier Schwestern. Ihr von Golatschen- und Quargelduftt durchwehtes Haus liegt an einer uralten Straße, der Bernsteinstraße. Sie führt durch ihren Vorgarten. Das hätte ich ihr gern noch gesagt.

Register

A
Adlitzgraben	**87**
Alt-Prerau	**63 ff**
Aquileia	**13 ff**
Arnoldstein	**20 ff**

B
Breitenbrunn	**152 ff**
Bruck an der Mur	**79 ff**
Burg Landsee	**142**

E
Eisenerz	**49 ff**

F
Federauner Höhe	**16 ff**
Feistritzsattel	**120 ff**
Festenburg	**119**
Flavia Solva	**162**
Fleischessen	**27**
Frankenau	**149 ff**
Friedberg	**130**
Frohnleiten	**163**
Frohsdorf	**141 ff**
Fürstenfeld	**173 ff**

G
Gadenweit	**44 ff**
Ginselhöhe	**40 ff**
Gösing	**96 ff**
Graz	**173 ff**
Großer Otter	**112 ff**
Grüntalkogel	**32 ff**

H
Haßbach	**100 ff**
Hartberg	**130 ff, 136 ff, 180 ff**
Heidentor	**151**

(continued)
Hinterwildalpen	**51, 56 ff**
Hochegg	**93 ff**
Hochwechsel	**119, 120 ff**
Hochwolkersdorf	**143**
Judendorf-Straßengel	**165**

K
Karnische Alpen	**15**
Kletschachkogel	**171**
Korneuburg	**63 ff**
Kőszeg	**141 ff**
Kotzalm	**168 ff**
Kreuzkogel	**44 ff**
Kilb	**28 ff**
Kummerbauerstadl	**112 ff**

L
Lainbach	**37 ff**
Löffelbach	**180 ff**

M
Maglern	**15**
Markt Allhau	**129 ff**
Mönichkirchen	**136**
Monte Croce (Plöckenpass)	**14**

N
Napoleonwiese	**16 ff**
Neckenmarkt	**156 ff**
Neunkirchen	**93 ff, 105 ff**

O
Obergrafendorf	**25 ff**
Oberleiser Berg	**64**

P
Palfau	**49 ff**
Petronell-Carnuntum	**149 ff**

Plöckenpass (Monte Croce)	**14**
Pitten	**129 ff**
Pöchlarn	**37 ff**
Pontebba (Pontafel)	**14 ff**
Pontebbana	**14 ff**

R
Raach	**108 ff**
Radstatthöhe	**39**
Ramssattel	**108 ff**
Rettenegg	**105 ff**
Ringkogel	**180 ff**
Rohrmauer	**56 ff**

S
Saifnitz-Sattel	**14**
Salza	**52 ff**
Sankt Anton an der Jeßnitz	**25 ff**
Sankt Dionysen	**168 ff**
Sankt Gotthard	**26, 32 ff**
Sankt Helena	**74 ff**
Sankt Johann am Steinfelde	**96 ff**
Santicum	**15**
Schlagl	**112 ff**
Scheibbs	**40 ff**
Schloss Niederleis	**66 ff**
Schottwien	**83, 84**
Schützen	**79 ff**
Schwarzenberg	**144 ff**
Semmering	**80 ff**
Siegenfeld	**74 ff**
Simmetsberg	**28 ff**
Sonnwendstein	**88 ff**

T
Texing	**27**
Thörl-Maglern	**20 ff**
Trattenbach	**117 ff**

V
Villach	**13 ff**
Vorau	**117 ff**
Vorauer Schwaig	**124 ff**

W
Warth	**132 ff**
Wien	**71 ff**
Wiener Neustadt	**142**
Wiesmath	**144 ff**
Wildalpen	**51**
Wildon	**161 ff**
Winden am See	**152 ff**

Der Jungfernsprung über den Eisenerzer Bach. Im 16. Jahrhundert wurde dieser Weg nach Hinterwildalpen ausgebaut.

Für eifrige Leser
Alte Wege in der alten Literatur

ELISABETH ARNBERGER, Flurnamen erzählen, 2017

DONATA DEGRASSI, Le strade di Aquileia, 2000

WOLFGANG GALLER, Straße und Handel – Siedlung und Herrschaft, 2019

GEBHARD KÖNIG, Mappae Austriae Inferioris, 2007

WOLFGANG KOS, Die Eroberung der Landschaft, Semmering – Rax – Schneeberg, 1992

EBERHARD KRANZMAYER, Bergnamen Österreichs, 1968

THURI LORENZ, Straßenverbindungen im Ostteil von Noricum, 1993

JULIUS MAYER, Beiträge zur Geschichte des Scheibbser Eisen- und Provianthandels, 1911

GERHARD PFERSCHY, Das Werden der Steiermark, 1980

GERHARD PFERSCHY, PETER KRENN, Die Steiermark, Brücke und Bollwerk, 1986

CARL PLANK, Römerzeitliche Straßen über den Hochwechsel und den Hartberg, 1939–1943

HEINZ-DIETER POHL, Kärntner Namenbuch 2013

Am Paradiesweg zur Salza erhascht die Familie des Autors einen Blick auf den Mendlingstein, 983 m.

Zum Autor

MARTIN BURGER, geboren 1971, studierte Botanik und Publizistik in Wien und war viele Jahre Redakteur des »Kurier«. Seit 2015 ist er stellvertretender Chefredakteur einer medizinischen Fachzeitschrift. Seit er in den 1980ern mit seinen Eltern und fünf Geschwistern den Zentralalpenweg 02 von Hainburg nach Feldkirch gegangen ist, lässt ihn die Sehnsucht zur Natur und den Bergen nicht mehr los. Hier spürt er jenen Pfaden nach, auf denen wir der Hektik unserer Tage entfliehen können.

Liebe Leserin, lieber Leser!
Haben Ihnen die alten Wege Richtung Süden gefallen? Dann freuen wir uns über Ihre Weiterempfehlung. Erzählen Sie davon im Freundeskreis, berichten Sie Ihrem Buchhändler oder bewerten Sie beim Onlinekauf.

Möchten Sie mit dem Autor in Kontakt treten? Wir freuen uns auf Austausch und Anregung unter leserstimme@styriabooks.at

Die Überblickskarten erleichtern die Orientierung, können aber die Verwendung einer detaillierten Karte oder eines Navigationssystems natürlich nicht ersetzen.

Inspiration, Geschenkideen und gute Geschichten finden Sie auf
www.styriabooks.at

STYRIA
BUCHVERLAGE

© 2022 by Styria Verlag
in der Verlagsgruppe Styria GmbH & Co KG
Wien – Graz
Alle Rechte vorbehalten.
ISBN 978-3-222-13692-4

Bücher aus der Verlagsgruppe Styria gibt es
in jeder Buchhandlung und im Online-Shop
www.styriabooks.at

Cover, Layout & Kartografie: Extraplan (Birgit Mayer)
Lektorat: Philipp Rissel
Herstellungsleitung: Maria Schuster
Projektleitung: Sophie Wolf
Fotos: Alle Fotos stammen vom Autor.
Cover: Die Weinberge von Buttrio an einem Sommertag in Friaul-Julisch Venetien.
Credit: iStock/Getty Images/zakaz86

Wir übernehmen Verantwortung. Konzeption, Gestaltung sowie Herstellung,
Papier, Druck und Bindung stammen aus Österreich.
Papier & Karton: Salzer Touch white 120 g + 300 g von Salzer Papier, A-3100 St. Pölten
Gesetzt in den Schriftarten Editor und Transat
Druck und Bindung: Gerin Druck GmbH
7 6 5 4 3 2 1
Printed in Austria